教室内外の様子

JN240494

クラスカラーとクラスの目印

似たような教室で自身のクラスを
間違えないように，クラスカラー
の花やロゴを掲示します。

靴ピッタン修行

靴箱での指導にも楽しさと遊び心を！ 視覚化することで
わかりやすく，レベル別にすることで楽しくチャレンジ
できます。

のんびり広場

スタートカリキュラム時の「のんびりタイム」の時間に遊ぶときの環境構成。
子どもたちの実態に合わせて，様々な物を配置します。
また，グループの形にすることで自然とかかわりが生まれます。

掲示物の様子

［教室側面・背面］

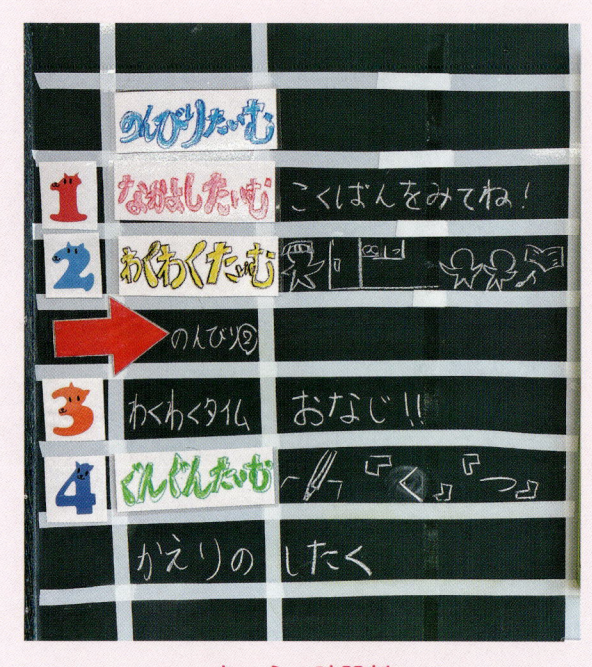

きょうの時間割

休み時間も含めて，一日の時間の見通しがもてるようにします。活動を端的に文字やイラストでかいてみても GOOD。

思考のゆるキャラ化

促したい思考をイラストとかわいいネーミングで！

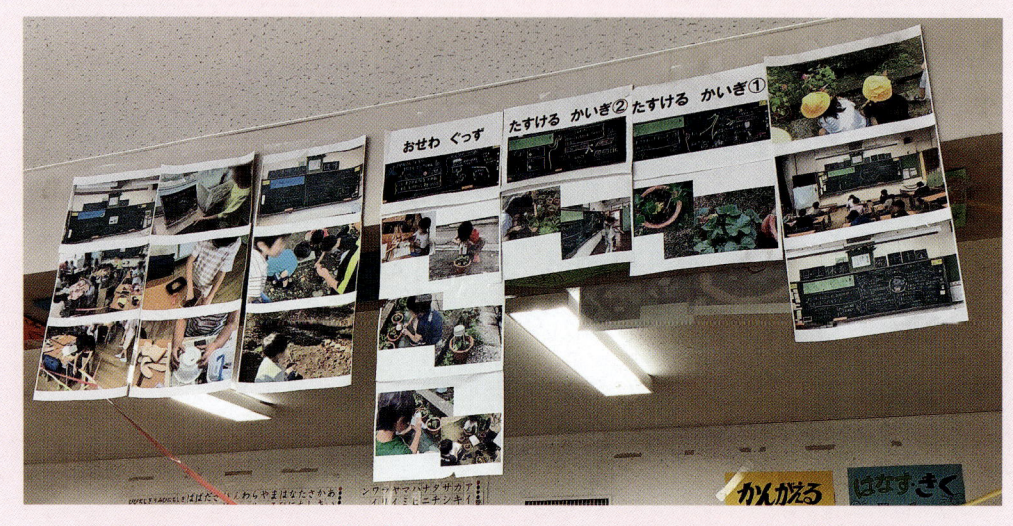

学習履歴（学習用語の整理）や簡易型ドキュメンテーション（学習の流れ）

これまで取り組んできた学習や現在取り組んでいる学習の履歴を整理して掲示します。

黒板の様子

［教室前面］

入学式後の「学級開き」の板書

「明るく・楽しい」雰囲気を出し，これから始まる学校生活に期待をもてるようにします。

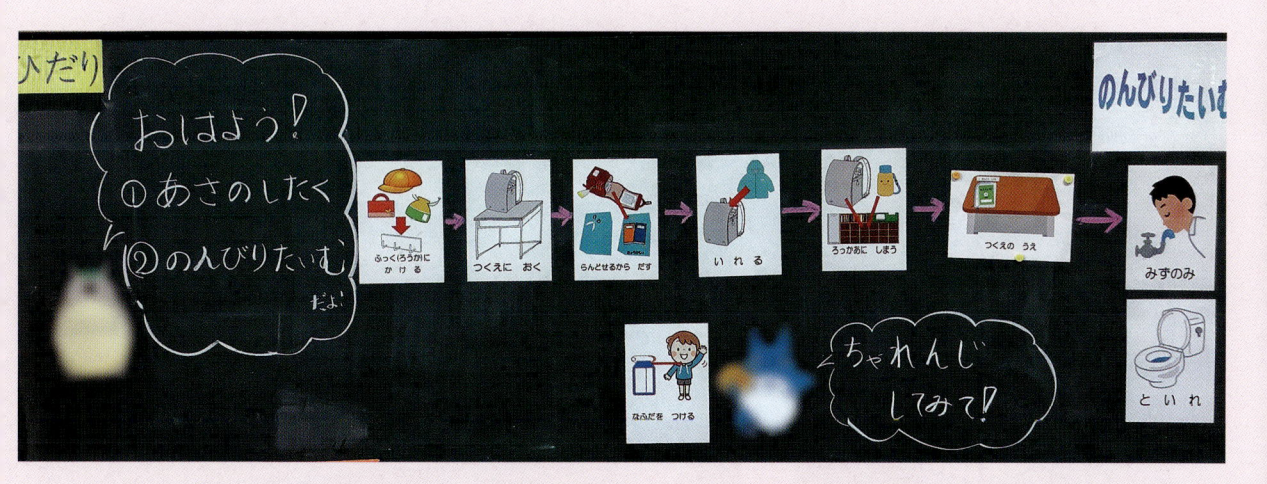

4月のスタートカリキュラム期の朝の支度手順の板書

イラストと簡単な言葉のカードを支度する手順ごとに並べ，パッと見てわかるようにします。
2日目以降は，写真にとったものを大型テレビや電子黒板に映す手もあります。

教室アイテム＆グッズ

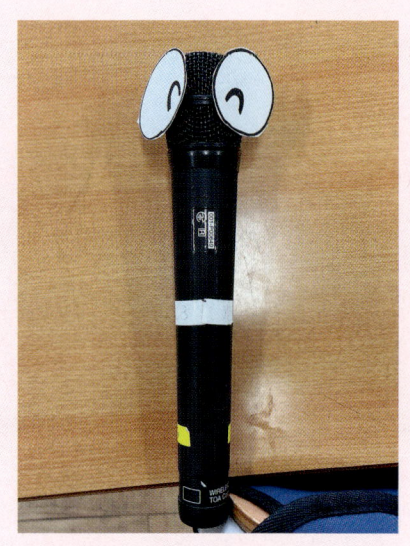

インタビューマイクン

子どもたちにインタビューしたり，
クラスみんなの前で発表したりする
ときに使います。

みらいつくえ

未来の机の状態を掲示します。子どもたちが次の
時間の持ち物を準備するときの補助具です。

みらいとけい

次の時間の始まりや，活動に取り組む
時間を伝えるときに活用します。

みんなの材料倉庫（折り紙，迷路，ぬり絵，空き箱，雑紙）

休み時間やすきま時間に，試したいことを試せるような材料コーナーです。

安藤　浩太

ロケットスタート
シリーズ ★

小学 **1** 年の

学級づくり
&
授業づくり

12か月の仕事術

安藤浩太・土居正博 編

チーム・ロケットスタート 著

多賀一郎 協力

明治図書

シリーズ刊行に寄せて ～かゆいところに手が届く一冊～

　今，学校現場では，教員不足が全国的・慢性的になってきて，先生方に負担が重くのしかかっています。元々時間が足りなかったのに，休職者が出ても代わりの先生は見つからず，現場の先生方の仕事量がどんどん増えていくのです。

　小学校の先生方は，一日にいくつもの教科を担当して，日々実践していかねばなりません。どの教科も完璧に準備をして臨むなどということ自体，至難の業です。

　さらにここ数年，主体的・対話的で深い学び，個別最適な学びと協働的な学び，インクルーシブ教育，外国語・道徳の教科化など，新しい課題がどんどん増えてきています。タブレットも活用しなければなりません。これらの課題には，従来の教育，授業実践を踏襲することでは通用しないことが多く含まれています。

　例えば，文部科学省の調査で，学級担任等が回答した学習面または行動面で著しい困難を示す児童生徒の割合が8.8％にのぼるなど，もはや発達障害などの特別な支援を必要とする子供への手立ては当たり前のことになりました。では，その子たちと共に学級づくりをするには，何が必要なのでしょうか。

　全国学力テストが完全CBT（Computer Based Testing）化しようとなるなかで，現場ではタブレットを，いつ，どのように使っていけばよいのでしょうか。どの学年でタブレットをどの程度指導するべきなのかも考えていかねばなりません。

　考えだすとキリがないくらいに課題が山積なのです。

　このような状況下で，新しい学年を担任したとき，何をどうしたらいいのかと困惑する先生方も多いのではないでしょうか。

　その戸惑いに応えるべくつくられたのが本シリーズです。

　本シリーズは，学級開きから様々な教科の授業開きにはじまって，一年間を通した具体的な指導の在り方を示しています。
「困ったら，とりあえず，こうすればいい」
ということを中心に，各地の実践家に執筆していただきました。多岐に渡る課題にもていねいに対応できていると自負しています。

　多忙な日々を送るなかで，手元に置いておき，必要に応じて活用できるシリーズです。

　自信をもってお届けします。ぜひ，スタートにこの一冊を。

多賀　一郎

はじめに

　この本を手に取っていただいている先生方，ありがとうございます。編者の土居正博です。おそらく，読者の先生方はこれから1年生担任をすることが決まったのでこの本を手に取っていただいていると思います。きっと，ドキドキとワクワクが共存しているご心境でしょう。もしかしたら，大丈夫かな，というドキドキの方が強いですかね。この本は，そんな先生方の，強い強い味方です。選りすぐりの1年生担任エキスパートである執筆陣が，1年生の学級づくり・授業づくりについて，全力で余すことなく紹介しています。特に学級づくりに関しては，時期に合わせた指導について的確に述べており，一年間まるごと使えること間違いなしです。編者として，胸を張って全国の先生方におすすめできる一冊に仕上がっています。

　私が初めて1年生担任をすることが決まったとき，先輩から「1年生担任は教育の原点だよ」と教えていただきました。そのときは，その意味がよくわからなかったのですが，一年間を経てその意味がわかるようになりました。当たり前のことですが，初めて小学校に入学してきた1年生に対しては，小学校での学校生活や授業について一から教えていく必要があります。「これくらいできるだろう」とか「これは言わなくてもわかるだろう」という教師の甘い考えは通用しません。1年生の子どもの目線に立って，丁寧に温かく指導していく必要があるのです。この，「子どもの目線に立って丁寧に温かく指導する」ことは何年生を担任しても欠かせないことですよね。1年生を担任すると，このことの大切さを痛感する毎日です。初めて1年生に対して授業をしたときのことです。私が指示したいことがまったく子どもたちに伝わらなかったのです。そのとき，いかに私が今まで子どもたちに対して独りよがりでわかりにくい話をしてきていたか，気づいたのです。他にも，掃除や給食当番などの指導も同様で，それまでの指導の仕方では伝わらないことが多くありました。こうしたことに気づき，私の指導の在り方が変わりました。何年生を担任するときにも，「1年生にも伝わるように」と丁寧さを心がけるようになりました。

　その一方，1年生だからといってすべて教え込むのではなく，1年生の子たちなりにもっている経験や知識を生かす指導の大切さにも気づかされました。例えば，話の聞き方について指導する際，「みんなはどういう聞き方がいいと思う？」と尋ねるだけでも，1年生の子どもたちなりにたくさんの考えを出してくれます。子どもたちの目線に立って丁寧に温かく指導していくこと，子どもたちの中にあるものを生かすこと。こういう大切なことに気づけた年でした。この経験は，まぎれもなく私の「原点」となっています。読者の先生方にも，本書を武器にしながら1年生担任を愉しんでいただき，ご自分の「原点」を築いていただけたら幸甚です。

編者を代表して　土居　正博

本書活用のポイント

1年生を担任する一年は とっても楽しい！

　子どもたちとどんな一年を過ごすことができるのか，月ごとにどんなイベントや仕事があるのか，見通しをもち，わくわくできるように本書を構成しています。

学級づくり・授業づくりの基本をチェックしよう！

指導のポイント&準備術
→ 12ページへ GO

⭐ 学級づくりのポイント
今月の見通し

ゴールイメージをもって12か月を見通そう！

→ **64ページへ GO**

学級づくりのポイント

4月 5月 7・8月 9月 10月 11月 12月 1月 3月

4月

今月の見通し

丁寧に「教えること」，自主性を発揮するのを「待つこと」

音根 朋之

今月の見通し

学校行事	家庭との連携
・始業式	・保護者会
・1年生を迎える会	・提出物（保健書類や生活指導系書類，尿検査）
・交通安全教室	・登下校の見守り
・健診（身体測定，眼科，歯科，心臓，内科等）	・学習準備
学年・学級	**他**
・話し方や聞き方の指導	・使い方指導（ロッカー，下駄箱，トイレ，水飲み場，タブレット型PC，学習用具等）
・一日の過ごし方（支度，授業，休み時間等）	
・集団行動の指導（集合，整列，帰動）	・基本的な生活習慣の指導（着替え，挨拶，返事，持ち物，手洗い等）
・日直活動の指導（朝の会，帰りの会）	・特別支援学級との連携
・給食，掃除，当番活動の指導	・避難訓練

　小学校に入学したばかりの1年生ですが，入学前には幼稚園・保育所の最上級生として卒園していることを考えると，できることは多いはずです。1年生の4月だからといって，すべてお膳立てをして，子どもたちの自主性を奪うことにならないように気をつけたいです。

⭐ 自主性を育むために

　「教えること」と「待つこと」のバランスに注意していきます。ロッカー，下駄箱，机の使い方などの「教えること」については，実際の場所で見せながら丁寧に教えます。一度教えたことを定着させるために，困ったらそこを見ればわかる掲示物を活用し，子どもが自主性を発揮するのを待ちます。また，お手本となる姿を個人名で価値づけすることも意識するとよいで

す。例えば，朝の会を時間通り始めるためにクラス全体に声をかける姿が見られたとします。「○○さんは，時間を見て声をかけてくれたね」と，すかさずクラス全体の場で価値づけます。具体的な姿を価値づけていく指導は，子どもたちとの関係づくりにもつながります。すぐには効果が表れないかもしれませんが，丁寧に「教えること」，自主性を発揮するのを「待つこと」に粘り強く取り組むことで，子どもたちの自主性を育む土台をつくっていきましょう。

⭐ 困ったらそこを見ればわかる掲示物

　1年生は，2年生以上が当たり前に知っている下駄箱の使い方，朝の準備の仕方，朝の会・帰りの会の進め方，給食や掃除など，学校の流れを知ることから始まります。覚えることがたくさんあるので，繰り返し確認していきたいところです。しかし，すべての子どもに逐一担任から直接伝えることはできません。そこで，「困ったらそこを見ればわかる掲示物」を作ることが効果的です。掲示物は，朝の準備の仕方や掃除の仕方がナンバリングされているものをイメージしてください。また，情報伝達用の掲示板として，右の写真のように黒板やホワイトボードを活用します。朝，来たらまずそこを見るということを定着させていくことで，教師が一人一人に指示せずに，子どもが自主性を発揮して動ける環境設定をしていきます。

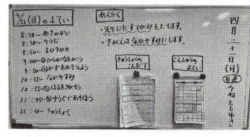

⭐ お手本となる姿を個人名で価値づけ

　学校行事に関しては，基本的には上級生が企画してくれるものに参加することがほとんどです。参加しているときの態度など，気になることがあるかもしれませんが，最初完璧でなくても許容しましょう。一方で，中には話している人をお手本となるような態度で参加している子が必ずいます。その子たちの姿を右の写真のように撮っておきます。終わった後に，全体に向けて「よく話を聞けていたね」ではなく，「○○さんは，ずっと話している人の方を向いて話を聞いていたよ」と写真を見せながら個人名を出して，価値づけをします。あえて個人名を出すことで，周りのその子を見る目が肯定的になっていく効果もあります。多くの子を価値づけられるように，よく観察し，記録しておきましょう。

最初が肝心！
一週間をバッチリ乗りきろう！

学級づくりは授業づくり！
子どもの心をつかもう！

学級開き
⇒ 34ページへGO

授業開き
⇒ 46ページへGO

学年の要所を押さえ
授業研究にいかそう！

⭐ 授業づくりのポイント
学習内容例　身につけたい力＋指導スキル　　⇒ 178ページへGO

授業づくりのポイント

国語
学習の要所と指導スキル

土居　正博

⭐ 学習内容例

月	学習内容例
4月	・先生や友達の話をしっかり聞く。 ・ひらがなを楽しく学習する。
5月	・ハキハキ・正しく・すらすらと音読に取り組む。物語を楽しむ。 ・一文をたくさん書く。 ・ひらがなの学習を進める。
6月	・自分の気持ちや考えだけでなく、わけも話す。 ・説明文の学習。問いと答えについて知る。 ・カタカナの学習を進める。
7月	・「は」「を」「へ」を用いて、少し詳しい文を書く。 ・漢字の学習を始める。まずは読めるようになることを目標にする。
9月	・夏の思い出を話す。 ・音読を中心に物語に親しみ、人物の行動や内容の大体を捉える。
10月	・説明文では、既習の問いと答えを生かし、内容を読み取っていく。 ・物語では、音読を中心にしつつ、人物の行動などを具体的に想像していく。
11月	・説明文では、既習を生かしつつ、事柄の順序について考える。 ・説明文の学習で考えたことを活用して、簡単な説明文を書く。
12月	・物語を自分の経験と結びつけながら読み、感想をもつ。 ・友達や先生に手紙を書く活動を継続的に行う。
1月	・1年生最後の説明文の学習。これまでの既習を生かして読み、最後に説明文を書く。 ・上位語と下位語などの観点から、語彙を増やす。
2月	・一年間に学習したひらがなやカタカナ、漢字を総復習し始める。 ・一年間の思い出を振り返り、簡単な文章を書く。
3月	・1年生最後の物語の学習。これまでの既習を生かしながら、感想を伝え合う。 ・文字や音読を中心に、一年間の学習を振り返り習熟を図る。

⭐ 身につけたい力

1年生は、学習に対してやる気満々です。ですから、我々教師はそのやる気（意欲）を損なわないことを念頭に置いて、とにかく子どもたちが国語の勉強好き！となるように指導していくことが大切です。

そのうえで、1年生はこれまで話し言葉が中心だったのが、徐々に書き言葉を読んだり書いたりする学習中心へと移行していく時期でもあります。話し言葉を全ての足がかりとしつつ、書き言葉に慣れさせていく、書き言葉の語彙を増やしていくことが重要となります。話し言葉で使えている語であっても、読ませたり書かせたりしたらわからないことが多々あります。これは、話し言葉の語彙数と書き言葉の語彙数との差があることから生まれるのです。

ですから、1年生でしっかり身につけたい力は、ひらがなやカタカナ、漢字といった文字を読み書きできる力と、音読をすらすらできる力です。これらは、話し言葉中心から書き言葉中心へと移行していくうえで欠かせない要素だからです。

また、1年生という小学校六年間の入門期であることを鑑みると、友達や先生の話をしっかり聞くことや、物語や説明文の学習の基礎を固めることなども重要となってきます。文章を書く、という力においても1年生の段階で「自分は書くのが嫌いではないな」と自信をつけさせることがその後の小学校生活を左右するくらい大切です。

このように、1年生の国語指導において重要なことはたくさんあります。中でも重要なのは、最初に述べた、やる気（意欲）を大切にするということです。子どもたちの意欲をさらに伸ばすことを第一に、そのうえで国語科としても重要なこともなるべく指導していく、というスタンスで指導していくようにしましょう。

⭐ 子どもたちの意欲を損なわず、さらに高める

子どもたちの意欲を損なわず、さらに高めていくにはどのようなことを意識したらよいでしょうか。この場合、その逆の「子どもたちの意欲を損なう指導」について考えてみるとよいです。子どもたちの意欲を損なう指導には、例えば以下のようなものがあります。
・学校で教わっていないから使ってはいけない、などと制限をかけられる
・全員が同じペースで同じ学習させられる
・子どもたちが自分の成長を感じにくい
・教師の指示や説明がわかりにくい

例えば、一番上の欄たる例が「この漢字は学校で習っていないのでまだ使ってはいけません」などという指導です。こういう指導をされると、子どもはもっている自分の力を発揮しようとしなくなります。言われたことだけ最低限やっておけばいいや、という姿勢になってしま

授業づくりのポイント

Contents ────────────────

第**1**章

小学1年の学級づくり＆授業づくり
指導のポイント＆準備術

第**2**章

成功するロケットスタート！
小学1年の学級開き＆授業開き

学級開き

Rocket Start!!

第 3 章

小学 1 年の学級づくり＆授業づくり
12か月の仕事術

学級づくりのポイント

Contents

Rocket Start!!

Contents

小学 1 年の学級づくり＆授業づくり

指導のポイント＆準備術

Rocket Start!!

小学1年
ゴールイメージと一年間の見通し
小1担任の指導技術

安藤　浩太

⭐ 1年生で大切にしたいこと

　1年生の3月に目指すべき姿は，「学校生活を楽しみ，自ら暮らしを豊かにしていこうとする姿」です。具体的にいうと次のような姿です。

①自らの力で自分たちの暮らしをよりよくしていこうとしている

②学習（授業）や学び合うことに対して「楽しい」と肯定的なイメージをもっている

③一年間学んできたことに手応えを感じ，自分は「できる」と自信をもっている

④学校での基本的な生活習慣が確立されている

⑤1年生で身につくべき資質・能力が身についている

　もちろん，小学校生活のスタートですから④⑤はとても大切です。ですが，それは基本的な生活習慣を身につけるために「〇〇の型」といった形で教師が1から10まで徹底して指導することを意味してはいません。そうすると，子どもたちは教師の指示がなければ動こうとせず，①の「自分たちの暮らしをよりよくしていこうとする姿勢」を失うからです。

　育みたいのは，「今できること」をこえて，「できることを自ら増やしていけること」。つまり，1年生が自分たちの力で日々の生活を切り拓いていこうとする姿勢です。そのための「手応え感覚」や「自信」，「主体性」です。そして，それは小学校生活や義務教育段階をこえて，生涯にわたって必要な資質・能力だと私は考えています。

　そのために，1年生の発達段階や，幼稚園や保育所，認定こども園（以下，園）での経験や育ちを生かした1年生担任としてのプロフェッショナリズムを有した指導が必要なのです。

　そのうえで大切なのが，1年生は「ゼロからのスタートではない」という考え方です。そのように，子どもたちは適切な環境さえあれば自ら学ぶことができるという観を教師がもつのです。すると，1年生で指導すべきことが見えてきます。小学校生活のスタートだからといって，あれもこれもと指導する必要はありません。子どもたちの力を信じ，これまで積み重ねてきたことを生かしつつ子どもたちの実態を考慮して，必要な指導を必要なタイミングで過不足なく行っていくことが大切です。

　そういった考え方は「スタートカリキュラム」（以下，スタカリ）や「架け橋期の教育（架

け橋プログラム）」に共通しており，すばらしい実践が積み重なっています。ぜひ後出の参考文献にある書籍を参照してみてください。

1年生とのかかわり方のコツ

　たとえ1年生であっても，子どもたちは適切な環境があれば，自ら学ぶことができます。しかし，それはあくまで「適切な環境があれば」という括弧書きがつきます。植物にも自ら育つ力はありますが，土が荒れていたり，水がなかったりして，適切な環境がなければ育っていかないのと同じです。ここでは，「適切な環境」にはどのようなものがあるか，人的環境，物的環境という二つの側面から紹介します。

❶ 人的環境

　一番の環境，それは「人」です。教師による間接指導と直接指導のバランスや雰囲気づくりが大切です。直接指導が多すぎると，「させられている」感が強くなりすぎます。かといって，委ねるという言葉のままに放任してしまうと，子どもたちは野放図になってしまいます。だからこそのバランスです。具体的には，次のようなかかわり方を意識しています。

〈傾聴と補足〉

　1年生との日常的な会話で大切にしたいのは「傾聴」と「補足」。傾聴とは相手の話に関心をもち，肯定的に相手を理解しようとする姿勢で聞くことです。その中で繰り返したり質問したり，時に言葉を補ったり（補足）しながら聞く。そうすることで安心感や信頼関係が構築されるのはもちろん，子どもたちの言葉が豊かになります。豊かな言葉は子どもたちの感情の安定化と子どもたち同士のつながりを生みます。

〈子どもたちの思いや願いを見取る〉

　気になっても活動中にいきなり介入しません。最低でも数秒は，その子が何を考え，何をしているか理解することに努めることが大切です。

〈これまでの経験（園）を引き出す声かけ〉

　すべて教師が決めてしまって一から説明するのではなく，「これまでは，どうしていたの？」「園ではどうだった？」と投げかけます。そうすることで，園ですでに経験したことを使えるのだという安心感が芽生えます。同時に，今もっているもの（既習知識，生活経験）を使って，新たな問題を解決していこうとする態度が定着していきます。

〈「比喩」と「オノマトペ」を使った説明と指示〉

　中には，新しいこともあるため直接指導しなければいけないこともあります。そのとき，意識すべきは「短く」「わかりやすい」こと。そのために，「比喩」と「オノマトペ」を使います。どちらも様子を直感的かつ具体的に描きやすくするための言葉や表現技法です。例えば，「靴

のかかとがピシッとそろっていてかっこいいね」「目からビームが飛んできているね」「石みたいにドシンと座って動いていないね」などです。

〈指導の基本形〉（→詳しくは p.45）

　指導の基本形をもっておくことは大切です。しかし，その基本形を子どもたちの実態を無視して指導するのでは効果は薄くなります。その基本形を念頭に置きつつ，子どもたちの実態や学ぶ文脈に応じて，どのように手渡していくか，自然にかつ楽しく取り組めるように応用して工夫するかが腕の見せどころです。

❷ 物的環境（教室環境や学習環境）

〈見てわかる説明・掲示（指示の視覚化，常時確認化）〉

　朝の支度や学習用具の準備，○○の使い方など，新しく知る仕組みや学習することも多い1年生。だからこそ，いつでも確認できるように掲示として残しておくとよいでしょう。しかし，ひらがなを読めない子がいたり，ひらがなからイメージできない子もいたりします。そこで，大切なのが「パッと見てわかること」です。そのために，「朝の支度手順の板書」のように，ひらがなでの簡単な説明に加えて，具体的な写真やイラストなどを必ず載せた掲示を作成するようにするとよいでしょう（写真は巻頭カラーページ参照）。

〈学びのきっかけを生む環境〉

　子どもたちの日常に学びのきっかけはたくさん転がっています。子どもたちの「気になる」「やってみたい」が生まれるためにも，子どもたちから気になって提案してくるように環境を整えることが大切です。例えば，子どもたちが気になった自然のものや飼育したい小さい生き物を自由に集めてみんなで見られるようにするスペースをつくる。こういったところにとりためておくと，生活科の自然遊びや栽培・飼育単元を子どもたちの興味・関心をもとに始めることができます。

1年生の4月は「スタカリ」で！

❶ スタカリとは？

> スタートカリキュラムとは，小学校へ入学した子供が，幼稚園・保育所・認定こども園などの遊びや生活を通した学びと育ちを基礎として，主体的に自己を発揮し，新しい学校生活を創り出していくためのカリキュラムです。（文部科学省『スタートカリキュラムスタートブック』p.2）

　上記にある通り，スタカリとは幼児教育から小学校教育へのスムーズな接続を意識したカリキュラムのことです。まさに，1年生を「ゼロからのスタート」にしないためのものです。

カリキュラムというと，どこかかたく難しいイメージをもたれるかもしれません。ですが難しくはなく，小学校1年生のスタートである4・5月の学習の計画を立てるということです。そして，計画を立てるうえで園での子どもたちの育ちや経験も加味しましょうというのがポイントです。

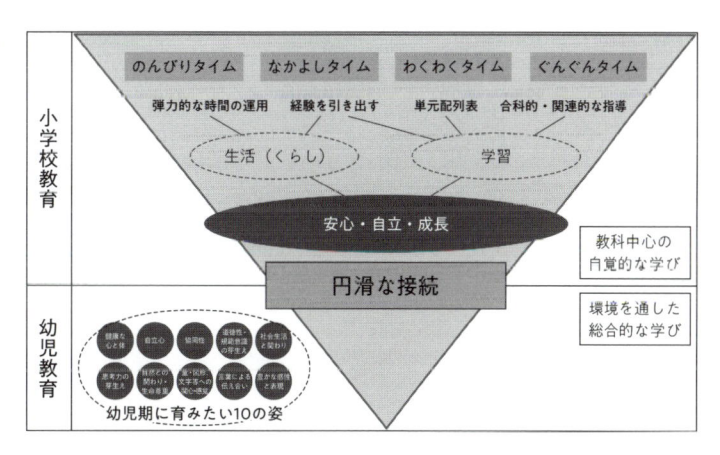

❷ 一日を構成する四つの○○タイム

スタカリ中は，最初からきっちり45分授業にしたり，「国語」や「算数」といった教科名で区切ったりすることはしません。それは，園で経験してきた生活リズムとのつながりをもたせるとともに，そこで大切にされてきた「子どもたちの発達の特性や一人一人のよさを生かす」ことを小学校でも同様に大切にしたいと考えるからです。主に四つの「○○タイム」として弾力的に時間を運用しています。そうすることで，子どもたちは安心して，「学校は楽しい場所だ」「明日も学校に来たい」と思うようになります。

スタカリ期の一日を構成する四つの○○タイム

のんびりタイム	朝の支度や次の時間の準備が終わった後に，落ち着いて自分のペースで一日をスタートしたり，次の時間の切り替えができるように思い思いの時間を過ごしたりするための自由な時間。
なかよしタイム	一人一人が安心感をもち，担任や友達に慣れ，新しい人間関係を築いていく時間。自分の居場所を学級の中に見出し，集団の一員としての所属意識をもち，学校生活のもとである学級で，安心して自己発揮できるように工夫していく時間。
わくわくタイム	幼児期に身につけた力を生かし，主体的な学びをつくっていく時間。生活科を中心として，様々な教科・領域と合科・関連を図り，教科学習に移行していく時間。
ぐんぐんタイム	わくわくタイムやなかよしタイム，普段の生活の中で子どもが示した興味や関心をきっかけに，教科等の学習へ徐々に移行し，教科等特有の学び方や見方・考え方を身につけていく時間。

【参考文献】
● 文部科学省国立教育政策研究所教育課程研究センター編著『発達や学びをつなぐスタートカリキュラム』学事出版
● 嶋野道弘・田村学監修，松村英治・實來生志子著『小学1年　スタートカリキュラム＆活動アイデア』明治図書
● 安藤浩太著『スタートカリキュラムと教科をつなぐ　小1担任の授業術』明治図書
● 安藤浩太著『小1担任のためのスタートカリキュラムブック』明治図書

ロッカー

〈「ロッカーにお道具箱」スタイル〉
朝来たら，お道具箱を取って支度。支度後，お道具箱は机の中に入れ，ランドセルをロッカーに。帰りにお道具箱ごとしまっていきます。

窓際

〈子どもたちが学び始め，深められる環境構成〉
・材料倉庫（空き箱，テープ，雑紙）
・パターンブロック
・ひらがなカード
・100玉そろばん
・折り紙と折り方の本
・ぬり絵や迷路

後ろの黒板

〈時間割で一日の見通しを〉
休み時間や給食の時間も含めて，一日の予定を掲示しておきます。そうすることで，一日の見通しをもつことができます。

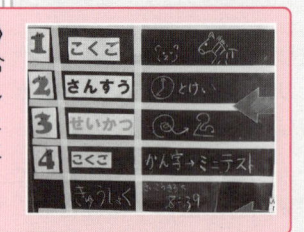

掃除用具

〈掃除用具整理は写真で「見える」化〉
整理整頓された理想の状態を写真で掲示し，常に意識できるようにします。

レイアウト

安藤　浩太

その他

〈実物投影機〉
大型テレビの近く
に置いておき，い
つでも拡大できる
ようにしておきま
す。

机

〈様々な机の配置〉
ねらいに応じて様々使い分けます。
・グループ机
　友達同士のつながりを生みたいとき
　（3〜4人ごとにグループにする）
・ひろびろ机
　活動場所を確保したいとき
　（教室の四方に机を配置する）
・話し合い机
　クラス全員で話し合いたいとき
　（コの字型に配置する）
・1年生机
　教師が主導し，黒板を用いて学習するとき
　（黒板に正対するように配置する）

黒板

〈板書はイラスト・色・記号で〉
文字数をグッと減らし，イラストや記号で
具体的事物や経験とつなげます。

その他

〈絵本や図鑑の掲示〉
その時々の学習や行
事と関連する本や，
教師がおすすめする
絵本をブックスタン
ドで掲示します。

その他

〈トイレットペーパーかけ〉
ごみを拾ったり，鼻血が出
たときの緊急処置用です。
何かと重宝します。

学級・授業のルールづくり

安藤　浩太

ルール（学級・授業規律）は，誰のため？

　小学校生活には守るべきルールや約束があり，学級や授業のルールのことを学級規律や授業規律といいます。そもそもこのルールがなかったら学級や学校はどうなってしまうでしょうか。授業は成立しにくく，当番活動もうまく機能せず，教師の指示もほとんど通らず，学級は騒然とした雰囲気で，子どもたちの間でもトラブルが頻発することでしょう。

　ルールがあることで，学級内の秩序が保たれ安心して学習できます。それはルールによって望ましい行動が明らかにされ，共有されるからです。そして，ルールを守ろうとすることで責任感も育まれます。だからこそ，学校や学級には様々なルールがあるのです。

　しかし，このルールは，誰のためにあるのでしょうか。それはもちろん，学級で過ごすみんなのためです。この大原則を忘れてはいけません。ということは，学級ごとに必要なルールが異なる場合もあります。だって，学級集団を構成するメンバーが違うのですから。それに，集団の成長によって，最初は必要としていたルールが必要なくなることもあります。

　つまり，学級のルールで大切なのは，もとから決められたルールを教師の一方的な指導で守らせることではありません。「学級で過ごす一人一人が安心・安全で幸せな毎日を過ごせる場所にすること」を目的とし，それぞれの集団に応じて柔軟につくりかえていくことなのです。そういった目的を，教師だけでなく子どもたち一人一人が意識し，ルールをつくり，守ろうとすることで，よりよい集団がつくられていきます。

　それは１年生であっても変わりません。そのために大切なのは，下の三つです。このポイントは学級であろうと，授業であろうと，大きく変わるものではありません。

---

①学級のルールを全員で考える
②明確で簡潔なルール（具体的な行動指標）にする
③ルールを守る効果を実感する

⭐ 三つのポイント

ここでは，「１年生のルールづくりのポイント」について，「時間を守る」というルールの例をもとに，それぞれ説明していきます。

一つ目のポイントは「①学級のルールを全員で考える」です。とはいっても，時間は有限。それに，時間を守るような学級のルールをつくりたいからといって，いきなり「時間を守ることを学級のルールにしたらどうかな」と投げかけても，１年生にとっては意味不明でしょう。「時間を守ること」を考えたくなるタイミングで指導することが大切です。

例えば，休み時間に入る前に，「次の〇〇は長い針が８になったら始まるよ」と説明します。そのときに，「だいたいどれくらいに椅子に座っているといいかな」と投げかけます。そうすると，「８ぴったりに座る！」「８の少し前には座る！」など様々な意見が出るでしょう。加えて，「なんでそうするの？」と重ねてください。「だって，ぴったり始められるように」とか，「遅くなると，みんな困っちゃう」などが出てくるでしょう。そこで，「そうか，時間が決まっていたら守らないと，にこにこじゃない人が出てきちゃうんだね。みんな時間を守れたら，８からスタートできて，楽しい時間もいっぱいだね」などと教師がまとめます。

次の〇〇は長い針が８になったら始まるよ。どれくらいに椅子に座っているといいかな？

上は，どこの１年生教室でも見られるような普通のやりとりですね。でも実はこうやって具体的な文脈の中で「ルール＝一人一人が気持ちよく日々を過ごすためのもの」が共有されていきます。それも自然に。必要なタイミングで指導するとは，とってつけたように指導することではなく，子どもたちの必要感に応じて指導することです。ルールとは，一人一人が気持ちよく日々を過ごすためのものである以上，本当に必要なルールは，この日々の学習や生活の中で自然と立ち現れてくるはずなのです。

ここで大事なのは，①だけでなく，「②明確で簡潔なルール（具体的な行動指標）にする」と「③ルールを守る効果を実感する」を含み込んで指導するということです。

「②明確で簡潔なルール（具体的な行動指標）」とは，上の例でいうと，「時間を守る」ための具体的な行動指標まで共有することです。そのために，椅子に座る時間を問うています。１

年生だと，「じゃあ，長い8の少し前に座るためにどうするの？」とさらに具体化してもよい
でしょう。「時計を見て，長い針が7になったら遊びをやめる」「え，でも校庭だと時計あるっ
け？」「あるよ，ほら校舎の真ん中くらいに付いてるよ」「それに，7になったら鐘も鳴るよ。
それを合図にするといいんじゃない」などのやりとりが生まれたら，なおよいです。

　「時間を守る」（明確で簡潔なルール）

　「そのために，長い針が○になったら椅子に座る」（具体的なゴールの姿）

　「そのために，長い針が○になったら教室に戻る」（そのためのより具体的な手続きの姿）
というように，ルールを守れるような手続きや手順もあわせて指導します。ここでも，「幼児
期の学びを引き出すこと」を意識し，「園でもそうだった？」などと投げかけると，教師が関
連づけてまとめなくても，「そうだよ！　時間を守らないと，みんなが困ってた」などと出て
くることもあるでしょう。そうしたら，教師は「へー。そうなんだ」と言いながら，共有する
だけでよいでしょう。

　指導はこれで終わりではありません。続けて「③ルールを守る効果を実感する」よう指導す
ることが大切です。

　ルールが共有化され，具体的な行動指標を理解しても，当然すぐさま守れるとは限りません。
そんなとき，教師が「もう！　みんなで決めたのに」「ルールは必ず守らないといけません！」
と厳しく指導するかはよく考えましょう。必要な場合も，もちろんあります。ですが，ルール
はよりよい学級集団を築くためのステップですから，子どもたちの「自律性」を育んでいくこ
とこそ大切です。そこで，守らなかった子を罰するのではなく，守った子を承認しましょう。
この承認も，ルールを守れたこともそうですが，その結果どうなったかといった「効果」が実
感できるようにします。上の例でいうと，「時間を守ったから，みんながやりたいことがすぐ
始められたね」「みんなが気持ちよく笑顔で始められたね」などです。

　同時に，「守らなかった」と捉えず，「守れなかった」と捉え，その原因を考えるように促し，
解決することを大切にすべきです。だからこそ，①でルールの文言を決める際は，「…しない」
でなく，「…する」と前向きな表現を用いるとよいでしょう。

　このように，ルールをつくるという言葉から大仰なことを考えなくてもよいのです。日々の
学習や生活をみんなでよりよくするためのルールなのですから。ですが，①適切なタイミング
と②適切な方法で指導することが大切です。さらに，③を大切にし，根気強く，細かく指導し
続けることが何より大切です。

　以前受け持った1年生。ある子が，こういったルールのことを「みんなの宝物」だと言って
いました。「みんなが笑顔になるための合言葉だから」と言うのです。1年生であっても，い
え，幼児期にもたくさんのことを学んできた1年生だからこそ，幼児期の経験を引き出し，関
連づけながら丁寧に丁寧に指導していくことが大切です。

⭐ 学級と授業のルール（きまり）一覧

下は学級と授業のルール（きまり）の一覧です。一斉一律，教師主導でルールを教えるのではなく，よりよい学級集団をつくるという目的に向かって，丁寧に指導していくことが大切です。ですので，どの項目が自身の学級に必要か，吟味しながら指導に役立てるとよいでしょう。

〈学級のルール（きまり）一覧〉
□友達や先生の話を聞く　　　　　　　　　□時間を守る
□借りたら元の場所に返す　　　　　　　　□友達と仲良くする
□整理整頓する（靴箱，ロッカー，道具箱）　□物を大切にする
□素早く行動する　　　　　　　　　　　　□きまりを守る
□安全に気をつける　　　　　　　　　　　□トラブルは話し合って解決する
□当番活動をやり遂げる　　　　　　　　　□静かに移動する
　（日直，生活当番，給食，掃除）　　　　□共用場所をきれいに使う

〈授業のルール（きまり）一覧〉
□友達や先生の話を最後まで聞く　　　　　□忘れ物をしたら伝える
□始業や活動の時間を守る　　　　　　　　□次の時間の学習用具を準備する
□整理整頓する（学習用具）　　　　　　　□最後まで片づけを行う
□素早く行動する　　　　　　　　　　　　□活動に丁寧に取り組む
□挙手の仕方（指名方法）　　　　　　　　□友達の意見を大切にする

⭐ リレーションとルール

ここまでルールに注目して見てきました。ルールの目的は，「学級で過ごす一人一人が安心・安全で幸せな毎日を過ごせる場所にすること」，つまり，理想的な学級集団をつくることでした。実は，理想的な学級集団をつくるためにルールと同様に大切にすべきことがあります。それが「リレーション（信頼関係の構築）」です。教師と子どもたち，そして子どもたち同士の信頼関係が構築されることで，自分らしさを発揮しながら安心して学習することができます。

河村（2010）は，リレーションとルールの２軸で学級状態を分析し，両者が高い状態こそ理想的な学級集団であるとしました。ルールの指導を通して学級集団をつくっていくときに，両輪となる「リレーション」についても意識するとよいでしょう。

【参考文献】　●河村茂雄著『日本の学級集団と学級経営』図書文化社

苦手さのある子への配慮ポイント

川上　康則

⭐ わがまま・甘え・しつけ不足・愛情不足と決めつけない

　学校生活において，子どもたちが「苦手」を意識するのはどんなときでしょうか。

　例えば，給食の場面を考えてみます。目の前に苦手な食べ物が置かれ，顔をしかめながら「ダメ，無理」とつぶやく子どもがいます。動きが固まる子，ちびちび食べをする子，今にも吐き出しそうになる子，鼻をつまんで丸呑みをする子……その姿は様々です。中には絶対に口に入れようとしない子もいます。彼らに共通しているのは，「食べない」のではなく，「食べられない理由がある」ということです。

　食べられない理由として，触覚の過敏性の強さや，生後すぐに見られる「舌の突き出し反射」の残存，口唇や顎を使って噛む動作の非効率さ，口の中で食べ物をやわらかい塊の状態にまとめる咀嚼機能の未発達などが挙げられます。つまり「発達がうまくいかない部分がある」がゆえに「食べられない」という状態にあるわけです。

　食べる機能のつまずきだと理解できれば，食材を細かく刻む，味つけを濃くして唾液が出やすくするなどの対応が考えられます。また，奥歯を食いしばるような動きを身につけるために，体育などで踏ん張る・よじ登る・姿勢をキープするなどの「体つくり運動」を積極的に取り入れることも，食べる機能を育てる一助になります。

　ところが，こうした理由や対応の工夫を学ぼうとしない教師ほど，わがまま・甘え・家庭のしつけに問題がある・愛情不足などと安易に決めつけることが多いようです。「このままではいけない，将来が大変」とばかりに無理やり「直そう・正そう・変えよう」という指導を行い，かえって問題をこじれさせてしまうことが少なくありません。

　その一方で，「無理強いするとストレスになるから」「様子を見ましょう」という言い方で子どもの好きなようにさせてしまうようなタイプの教師もいます。言い分としては理解がある教師のように思われますが，実際には，問題に向き合わずに放置しているだけで，かかわること自体をあきらめていることが多いようです。中には，偏食の指導は家庭で行うべきであって学校の仕事ではない，とかかわりを放棄するような姿勢を公言する教師もいます。これでは，家庭との連携や協力もうまくいくはずがありません。

大切なのは，問題となるような行動の背景には必ず理由があるということを理解しようとする教師の姿勢です。

⭐ 子どもの「負の情動」を受け止められる教師の存在

　子どもが苦手なことと向き合うとき，脳は自分の立場を不利な状況・不都合な立場に置かれたと判断し，イヤなエネルギーが身体を覆いつくします。それによって，叫び暴れる・攻撃的行動や破壊的行動をとる（Fight），顔を背ける・逃げ出す（Flight），身体がこわばる・固まる（Freeze）などの行動をとることがあります。これらをまとめて「3F行動」といいます。「面倒くさい」や「疲れた」などの言葉も，苦手さに向き合おうとするときに発せられることが多いです。これらは本能的に身を守ろうとしている姿であって，決して周囲を振り回したいという意図があるわけではないことに留意することが大切です。

　上記のような行動の背景要因として共通しているのが，「負の情動（不安・焦り・心配・脅威・追いつめられた気持ちなど）」です。人は，苦手や不利な状況に向き合うときに負の情動が湧き起こります。その負の情動を安全に抱えていける力を獲得していくためには，その場に安心感で包み込めるような大人の存在が不可欠です。

　包み込める大人とは，具体的には以下の五つを自然体でできる教師のことをいいます。
①表面的な行動（攻撃的・破壊的な行動，拒否的・否定的な言動）に振り回されない
②内面の葛藤やその子なりの事情を理解する
③本人の気持ちを言語化する
④大人が示す落ち着いた状態に巻き込む
⑤時間をかけて待つ

⭐ 職員室の会話に振り回されないこと

　職員室には，「あの子がいるとクラスが落ち着かない」「あの子は手に負えない」「あの子は難しい」とその子を突き放すような発言を繰り返す教師がいます。愚痴や不満を言ってはいけないということはありませんが，それでも自分の指導の不手際を子どものせいにするような発言に囲まれていると，簡単に「自分の枠から外れる子を排除するマインド」ができあがってしまいます。どうか，そんな雰囲気に流されないようにしてください。この本を手に取ってくださったということは，少なくとも「子どもたちのために何ができるかを考えたい」という方だろうと思います。子どもの苦手や困難に向き合うことは，教師としての幅を確実にひろげます。子どもの不適応は，その子だけの問題ではありません。環境との相互作用で生じるものです。教師は最大の人的環境であることを忘れないようにしていきましょう。

学級担任として必ず知っておきたいこと

安藤　浩太

⭐ 小1担任としての心構え

　ここまで述べてきた通り，小学校1年生は「ゼロからのスタート」ではありません。これまで過ごしてきた中で育っている部分に目を向け，どのようなかかわり方をすべきか，考え続けることが大切です。

　とはいっても，まだできないこと，大人が配慮しなければならないこともたくさんあります。そして，それは子どもたちの命や生活，権利を守り，十全に保障するために大切なことです。ここでは，そういった子どもたちの「安心・安全」を守るために，小1担任として必要なことを説明していきます。

⭐ 子どもたちの安心・安全について

　子どもたちが幸せに生きること，またそうした日々を過ごせるように時に手助けし，時に守ること。それは，子どもたちにかかわる仕事に就く私たちにとっての義務だと思います。

　この構えは学級担任としてのみならず，子どもたちとかかわる仕事に就いている大人は誰しもが肝に銘じるべきことでしょう。

　多様化する社会の中で，様々な背景を背負った子どもたちが増えてきています。ですが，どの子も幸せになる権利をもっているはずです。では，どのような権利があり，保障されなければならないのか。そういったことを知るために，まずは下のような資料を参照してみてください。

※こども基本法や子どもの権利条約，児童の権利に関する条約はこども家庭庁の以下のページに詳しい。

　https://www.cfa.go.jp/policies/kodomo-kihon/

⭐ アレルギーや基礎疾患について

　子どもたちの安心・安全を考えたとき，「アレルギーや基礎疾患」がないか知ることも非常

に重要です。このような情報は，たいてい引継ぎ事項や資料などで共有されます。そのとき大切なのが，アレルギーや基礎疾患を有しているかだけでなく，これまでどのように対応してきたかを知ることです。そして，自分が受け持つこの一年間はどのように対応していくか具体的に考えることです。その際，担任だけでなく，管理職や養護教諭，保護者の方々にも入ってもらいながら，対応計画を作成することが大切です。

また，稀に動物アレルギーや給食対応を必要としないアレルギー，既往症など申し出や引継ぎがない場合もあります。特に申し出がなくても，健康調査票には書いてある場合がほとんどです。忙しくても必ず目を通すようにしましょう。

⭐ 家庭状況について

子どもたちの家庭状況を知っておくことも必要です。そうすることで，「その子」理解が進むだけでなく，自分が学級で使う言葉にも敏感になります。例えば，「お家の人に〇〇してもらってね」という言葉かけをするとします。「お父さん」でも「お母さん」でもなく「お家の人」。そして，場合によってはこの「お家の人」という表現も適切ではないでしょう。

もしかしたら，自分の使う何気ない言葉で心を痛める子がいるかもしれない。そしてそれはその子自身ではどうにもならないかもしれない。だからこそ，その子のことを知るべきです。その際，家族構成や，兄弟について，成育歴について等，提出書類や引継ぎ資料をもとに知るとよいでしょう。

⭐ 下校コースや下校場所について

1年生の安心・安全を守るためには，学校内だけでなく学校外のことに目を向けることも大切です。自分の家から学校に来る，あるいは学校から自分の家に帰る。それも自分一人で。決して当たり前のことではありません。また，学校外には様々な危険があふれています。

ですから，一人一人の下校コースや下校場所は確実に把握しましょう。その際，通常の下校場所は自宅か学童保育か，またそれ以外なのかをまず調べます。そして，学校への提出書類などにも目を通しながらどれぐらいの通学時間なのか，おおよそを把握します。さらにいうと，早いうちに一人一人の自宅の場所を把握しておくとよいでしょう。

そうすることで，万が一何か問題が起こったとき，すぐさま対応できます。そして，下校コースや下校場所を間違えそうになっている子（あるいは悪気なく別コースから帰ろうと冒険心あふれるチャレンジをしようとする子）に気づき，問題を未然に防ぐことができます。

チェックリストでわかる！
入学式・始業式までに必ずしておくべきこと

安藤　浩太

⭐ 入学式から4月までのチェックリスト

　準備はしてもしすぎるということはありません。入念に準備することで，見通しがもてますし，心に余裕も生まれます。

　特に4月は，どの学年担任よりも1年生担任が忙しいといわれます。それもそのはずで，小学校生活をスタートするべく，1年生が入学してくるからです。もちろん「ゼロからのスタート」ではありませんから，入学したばかりといっても1年生は様々なことができます。ですが，新しい環境ですから教えたり説明したりしなければわからないことも当然あります。それは，大人だって同じですね。

　近年の幼小接続を考えたとき，架け橋期のカリキュラムにしろ，スタートカリキュラムにしろ，子どもたち一人一人の経験や思いに寄り添って柔軟にカリキュラムを設計することが求められます。教えすぎても教えなさすぎてもダメで，そのバランスが難しく，目の前の子どもたちの実態に沿った臨機応変な対応が必要です。だからこそ，臨機応変に動くために，入念に準備をする必要があるのです。そのうえで，準備したことを活用するか，教師の胸にしまうかは目の前の子どもたちの実態を見ながら判断するとよいでしょう。

〈活用方法〉

①次ページからのチェックリストを俯瞰して，足りないものを付け足す。

②チェックリストから優先度の高いものを抜き出す。

　※勝手がわからない場合は，★印を優先的に取り組んでみてください。

③チェックリストを確認しながら，準備を進める。

〈スタートカリキュラムに関すること〉

CHECK

□ スタートカリキュラムの確認，引継ぎ★　　□ スタートカリキュラムの体制確認

□ スタートカリキュラムで目指す子ども像（　　　　　　　　　　　　　　　　　　）

□ 4月の学習単元配列表の確認　　　　　　　□ 職員会議の提案資料の確認★

□ 週ごとのスタートカリキュラム案の確認★　□ 教室環境の確認

□ 一日の流れの確認（のんびりタイム，なかよしタイム，わくわくタイム，ぐんぐんタイム等）

※スタートカリキュラムは入学式対策委員会などが前年度のうちに，ある程度計画・提案しておき，新年
　度は1年生の担任団を中心に修正する程度にとどめると時間的な余裕が生まれます。

〈出会いに関すること〉

CHECK

□ 勤務校での赴任挨拶　　　　　　　　　　　□ 学年団（学年を共に組む先生方）への挨拶

□ 全校の子どもたちへの赴任挨拶★　　　　　□ 学年だよりでの挨拶文★

□ 入学式での全体への挨拶★　　　　　　　　□ 学級だよりでの挨拶文

□ 学級の子どもたちへの挨拶★　　　　　　　□ 入学式後の保護者への挨拶★

〈書類に関すること〉

CHECK

□ 通勤届の提出　　　　　　　　　　　　　　□ 休暇・職免等処理簿の確認

□ 出勤簿（タイムカード）の確認　　　　　　□ 旅行命令簿の確認

□ 校務分掌の確認　　　　　　　　　　　　　□ 各種手当てに関する書類の申請，確認

□ 児童名簿（漢字・ひらがな）の作成★　　　□ 児童名簿の読みの確認★

□ 児童名簿の表記の相互確認★　　　　　　　□ 氏名印の確認

□ 指導要録の確認（作成）　　　　　　　　　□ 出席簿の押印，作成★

□ 児童調査票の準備（配付日，回収方法，回収時のチェック方法の確認）★

□ 結核問診票・健康調査票の準備（配付日，回収方法，回収時のチェック方法の確認）★

□ 各種の許諾を得る書類の準備（個人情報の取り扱い等）

□ 年間予定表の確認（行事，授業時数）★　　□ 連絡網の作成

□ 学年だより4月号の作成★　　　　　　　　□ 学級だより1号の作成

□ 学年だより4月1〜4週目号の作成★　　　□ 学級経営案の作成

□ 週案の作成

〈学年で共通認識すること〉

CHECK

□ 園からの引継ぎ★　　　　　　　　□ 入学式対策委員会等からの引継ぎ★

□ 配慮を要する子どもの共通理解★

　→トラブル，長欠，不登校，障害の有無，健康面，アレルギー，家庭の事情　等

□ 学年目標（　　　　　　　　　　　　　　　　　　　　　　　　）

□ 学年内の担当教科（○で囲む）

　国語，算数，生活，音楽，図工，道徳，特活，その他（　　　　　　　　　　）

□ 学年会計・行事会計担当　　　□ 学年会議担当　　　□ 学年通信（分担，タイトル）

□ 行事の確認，方向性，担当★

　学年開き（　　　　　　　　　　）授業参観，懇談会（　　　　　　　　　　　　）

　遠足（　　　　　　　　　）運動会（　　　　　　　　　　　　）

　生活科見学（　　　　　　　）体験学習（　　　　　　　　　　　　）

　学習発表会（　　　　　　　）音楽発表会（　　　　　　　　　　　　）

　展覧会（　　　　　　　　）学芸会（　　　　　　　　　　　　）

　１年生を迎える会（　　　　　）６年生を送る会（　　　　　　　　　　）

　様々な行事での作文・発表指導（　　　　　　　　　　　　　　　　　　）

□ テスト等の使用教材選定，届提出，発注★

　国語（国語ワーク，ノート，ひらがなワークシート，カタカナワークシート，漢字スキル）

　算数（算数ワーク，ノート，計算スキル，計算ドリル，計算ドリルノート）

　生活（アサガオ鉢セット，種や苗の注文，土の注文）

　音楽（鍵盤ハーモニカ，吹き口，ホース，鍵盤ハーモニカ楽曲集，運指表，歌集）

　図工（絵具セット）

　その他（Ａ４クリアファイル，探検バッグ）

□ 学校のきまり事

　→呼名，体育の服装，登校，下校，朝の時間・休み時間・放課後の過ごし方　等

□ 宿題について★

　→内容，提出方法，提出確認方法，保護者への取り組み方の伝達，方法，忘れたとき　等

□ 朝の会（内容，進行）★　　　　　□ 帰りの会（内容，進行）★

□ 日直（内容，決め方，順番）★　　　□ 当番活動（内容，決め方，期間）★

□ 掃除当番★

　→当番の決め方，掃除場所，掃除方法，掃除を開始する時期

□ 給食当番★

　→当番の決め方，配膳方法，当番以外の役割，おかわりや残す際のルール，片づけ方法，

　　食べ終わった後のルール　等

- ☐ 係活動（内容，決め方，期間）
- ☐ 移動の仕方
- ☐ 連絡帳（内容，書く時間，確認方法）
- ☐ 並び方★
- ☐ 学年集会の頻度と内容
- ☐ プリントの配り方
- ☐ 学級集会・クラスレクの頻度と内容
- ☐ 筆記用具について
- ☐ 机の配置★
- ☐ ノートについて★
- ☐ 席替えの頻度と方法
- ☐ ファイルについて
- ☐ 班・班長の決め方
- ☐ 忘れ物への対処法
- ☐ 学級通信の有無★
- ☐ 履物のそろえ方
- ☐ 挨拶のルール
- ☐ 短い休憩時間の過ごし方
- ☐ 授業のはじめと終わりの挨拶
- ☐ 長い休憩時間の過ごし方
- ☐ 座り方
- ☐ 言葉遣い
- ☐ 返事の仕方
- ☐ 呼名のルール★
- ☐ 挙手の仕方
- ☐ 叱るポイント
- ☐ 発言の仕方
- ☐ 褒めるポイント
- ☐ 自習・先生がいないときの対応★
- ☐ 安全点検や避難経路について★
- ☐ 記録用の写真撮影等について
- ☐ 保護者会について（学級単位か学年単位か）

〈学級開きに関すること〉

CHECK
- ☐ 一年間のシナリオの作成
- ☐ 教師の自己紹介の準備★
- ☐ 初日のシナリオの作成★
- ☐ 教師の思いを伝える準備
- ☐ 一週間のシナリオの作成★
- ☐ 子どもたちの自己紹介方法の決定
- ☐ 月ごとのシナリオの作成
- ☐ 授業開きの検討
- ☐ 入学式での配付物の確認★

〈学級文庫に置きたいおすすめの本〉

CHECK
- ☐『あいうえおうさま』（寺村輝夫 文，和歌山静子 絵，杉浦範茂 デザイン／理論社）
- ☐『いちにち○○』シリーズ（ふくべあきひろ 作，かわしまななえ 絵／PHP 研究所）
- ☐『へんしん○○』シリーズ（あきやまただし 作・絵／金の星社）
- ☐『○○にいこうよ！』等のシリーズ（はたこうしろう 作／ほるぷ出版）
- ☐ 折り紙の折り方説明書
- ☐ 昔話（日本のものと外国のもの）
- ☐ 科学読み物や図鑑（昆虫や植物等）
- ☐ 教科の学習と関連する書籍や図鑑

〈子どもに関すること〉

CHECK

- □ 名前を覚える★
- □ 前担任からの引継ぎ★
- □ 誕生日の把握
- □ 引継ぎ資料に目を通す
- □ 兄弟児の在籍学級の把握★
- □ 緊急連絡先の確認★
- □ 児童の自宅住所や場所の確認
- □ 顔写真の撮影（校内共有用）
- □ 幼稚園・保育所・認定こども園の指導要録に目を通す

〈教室環境に関すること〉

CHECK

- □ 教室清掃を行う★
- □ 名前札の作成
- □ 座席表の作成
- □ 安全確認を行う★
- □ 黒板へのメッセージ記入
- □ 持ち物を置く場所を決める
- □ 机，椅子の数の確認，配置★
- □ 学級文庫の設置や確認★
- □ 主黒板と補助黒板の活用法やレイアウトを考える（日付，時間割，日直等）
- □ 記名と確認★

　　→机，椅子，下駄箱，ロッカー（かばん棚），フック（廊下・教室），雑巾がけ

- □ 当番表の作成（子どもたちと決める場合は構想を練る）

　　→掃除当番，給食当番，日直，一人当番　等

- □ 備品の準備★

　　→チョーク，黒板消し，マグネット，セロハンテープ，ガムテープ，両面テープ，ICT機器，
　　算数セット（黒板用の1m定規や三角定規），鉛筆削り（手動・電動），給食関連，
　　ダブルクリップ，ツーダンクリップ，ホワイトボード，ホワイトボードマーカー，
　　磁石，画鋲，画用紙，欠席した子どもへの連絡（お手紙）　等

〈一冊のノート（ファイル）にまとめておくと便利なもの〉

CHECK

- □ 年間行事予定表
- □ 学校・学区の地図
- □ 学年通信
- □ 校務分掌の割り当て
- □ 学級通信
- □ 学年の仕事分担表
- □ 特別教室の割り当て
- □ 一年間の単元配列表
- □ 体育館・校庭の割り当て
- □ 各教科の年間計画
- □ 標準授業時数
- □ 学校の時程表
- □ 行事一覧（授業参観，懇談会，研究授業，体験学習，校外学習）

※教師用のタブレットがある場合は，データとしてまとめておくと便利です。

※紛失のリスクも考えて，個人情報等の資料は分けておくとよいでしょう。

〈入学式に関すること〉（すべて★）

CHECK

- ☐ 入学式名簿の確認（入学予定者）
- ☐ 入学式での配付物の確認
  - ☐ 教科書セット
  - ☐ 学用品
  - ☐ 学校だより
  - ☐ 学年だより
  - ☐ 学級だより
  - ☐ 各種配付物
- ☐ 入学式の学年挨拶
- ☐ 入学式の保護者への一礼場所
- ☐ 子どもたちに向けた自己紹介
- ☐ 保護者に向けた挨拶
- ☐ 入学式の写真撮影場所と順番の確認
- ☐ 担任持ち物の準備確認（応急手当て用）
  - ☐ 応急手当てセット
  - ☐ 絆創膏
  - ☐ 鼻栓
  - ☐ かゆみ止め
  - ☐ 付箋
  - ☐ ティッシュ
  - ☐ 筆記用具
- ☐ 台本形式にして貼り合わせるとよい資料
  - ☐ 入学式実施計画
  - ☐ 自己紹介台本
  - ☐ 保護者に向けた挨拶台本
  - ☐ 呼名用の児童名簿（性別，ひらがなの読みも明記）
  - ☐ 呼名用の声かけの種類礼
  - ☐ 配付物一覧表

- ☐ 入学式名簿の確認（誤字，脱字）
- ☐ 入学式の流れの確認
- ☐ 入学式の補助先生の確認，打ち合わせ
- ☐ 泣いてしまった子への対応
- ☐ ケガをしてしまった子への対応
- ☐ 鼻血を出してしまった子への対応
- ☐ トイレに行きたくなった子への対応
- ☐ 入学式の動線の確認
- ※できるだけ多くの保護者の近くを通れるように
  - ☐ 入場ルートの確認
  - ☐ 退場ルートの確認
- ☐ 入学式の児童用椅子の確認
  - ☐ 個数
  - ☐ 安全性の確認（ささくれ，がたつき）
- ☐ 補助員用の椅子の有無
- ☐ 椅子同士の間隔
- ☐ 保護者にすべき伝達事項の確認
  - ☐ 次の日の持ち物について
  - ☐ 連絡帳の使い方について
  - ☐ 持ち物や予定，連絡が明記されている資料
    （学年だよりや学級だより）について
- ☐ 学年だより
- ☐ 学級だより

第2章

成功するロケットスタート！

小学1年の
学級開き＆授業開き

学級開きとは

安藤 浩太

⭐ 「学級」を開くことの意味

　「ロケットスタート」「黄金の三日間」など，学級開きの重要性を数多くの実践家たちが説いてきました。なぜ，それほど学級開きが大切だといわれるのでしょう。それは，学級とは最初からまとまった集団ではないからです。同じ地域に住む，同じ年代の子たちが偶然に寄り集まった集団。それが4月の始業式の日の学級の姿です。

　多賀一郎先生も「学級は放っておいても自然と秩序ある状態になるわけではない」とし，だからこそ「学級づくり」という言葉が必要になってくるとおっしゃっています（本書旧版より）。日々の生活や学習が充実するような共同的で機能的な集団になる営みが「学級づくり」だとするのなら，そういった集団へ向かうためのスタートの日が「学級開き」だといえます。

　学級開きで大切なことは，「安心感」と「期待感」です。そのうち，1年生では特に「安心感」を大切にすべきです。それほど，園から小学校への段差は大きく，不安を抱えた子が少なからずいるからです。子どもたちが安心感を抱くために担任がすべきことは，「笑顔」でいることと「たくさんかかわること」の二つです。怒涛の4月。胸の中はやることの多さに半ばパニックになっていても，笑顔を。4月の小1担任の最重要課題は，子どもたちの学校や担任の先生に対する安心感を育み，信頼を得ることです。そして，集団やグループでなく，一人一人とたくさんかかわり合いましょう。名前を呼び，目を合わせ，挨拶する。よく来たね，会えてうれしいよと声をかける。笑顔もかかわりも，誰でもできます。地味かもしれませんが，愚直に丁寧に積み重ねることで，確実に一人一人に届き，安心感と信頼感が芽生えていきます。

⭐ 「きくこと」はすべての基本

　学級（授業）開きでも，学級（授業）ルールでも，大切にしたいのが「きくこと」です。すべての基本といっても過言ではありません。それは，学級という集団で生活したり学習したりすることは，互いの話をきき合わなければ成り立たないからです。

　ですが，この「きくこと」の指導はとても難しいものです。それは，「きくこと」といって

も様々な種類があるからです。受動的な「きく」から能動的な「きく」へ、「きくこと」の精度を高めていけば、個も育っていきますし、集団としても育っていきます。

❶「きくこと」のレベル

「きく」には、「聞く・聴く・訊く・効く・利く」など、様々な漢字が当てはまります。指導するときには、レベルとして次のように示します。

⓪聞いているつもり

①聞く（耳だけで聞き、理解している状態）

②聴く（相手の目を見て、考えながら聞き、理解している状態）

③訊く（聴いたことをもとに、自分の反応を示したり興味があることを訊いたりする状態）

④効く（きいて学んだことや③までの様々な効果を実感する状態）

⑤利く（④までのことを時間・場所・条件が異なっても生かそうとする状態）

❷ 子どもの姿から「きくこと」の具体例をクラスの文化にする

上記のレベル表を用いて明示的に指導することで、多くの子は自分のきき方に意識を向け、話をきこうとしはじめます。そうすると、「聞く・聴く」ことが自然とできるようになります。ですが、「訊く・効く・利く」となると、もうひと工夫必要です。それは、「訊く・効く・利く」が一般に思い描く「きくこと」を大きく超える内容だからです。このレベルの「きくこと」ができるようになると、円滑に集団生活を過ごせるだけでなく、新たな発見が生まれたり、より深く学ぶことができるようになったりします。

そのために必要な指導の一つが、「聴くこと」と「訊くこと」の具体的かつ理想的な姿を共有することです。写真のように、どのような具体的なリアクションをすることが「聴くこと・訊くこと」につながるのか、子どもたちの具体的な姿（言葉、反応、動き）から共有します。

さらに、「効くこと」については教師の価値づけが大切になります。実際に効果があるかは１年生では自分で把握しづらいからです。「聞く・聴く・訊く」ことができ、「効いてきた」実感が得られた子どもたちは、自然と応用しようとします。これが「利く」という段階です。教室だけでなく校庭でも、担任の先生と一緒でなくても、クラスだけでなく学年全体でも、というように、人・場所等の条件を超えて「きくこと」ができるようにしていきます。

学級開き

必要な指導と指導法

安藤　浩太

⭐ 1日目にすること

- 入学式の事前指導
- 入学式
- 入学式後の呼名
- 入学式後の学級指導

　前項で説明した通り，第1週目の目標は「安心感」です。どうしたら子どもたちが安心感を抱けるか。そこに向けて，すべての活動・声かけを考え，精選していくとよいでしょう。視点として人や場所，仕組みに対する安心感を育むことが大切です。

　学校のルールに，様々な「型」の指導に，と焦る必要はありません。子どもたちをじっくり見ながら，必要に応じて指導していけばよいのです。それぐらい余裕をもって，笑顔を絶やさないこと，ゆったりとした構えでいること，これが何より大切です。

　本書では1〜5日目までの指導について紙幅の関係で概略しか載せることができません。より詳しいTC案レベルでのやりとりや，環境構成，指導するときのポイントなどは拙書『小1担任のためのスタートカリキュラムブック』（明治図書）をご覧ください。

⭐ 1日目の流れ

❶ 入学式の事前指導と入学式

　入学式前の事前指導や入学式で必要な項目の詳細をチェックリスト（pp.27-31）にしてあります。参照しながら，準備と確認をしてみてください。

　その際に大事なことは，対応を練ることで，臨機応変に動けるようにすることです。入学式という大きなセレモニーにワクワクやドキドキを抱えて臨む子どもたち。そんな子どもたちが不安に陥ったとき手助けできるようにするのです。

　入学式当日は，担任を発表するまで直接1年生の子たちとかかわることはありません。だか

らこそ様々な子どもたちの状態を想定し，対応策を考え，担当者と共有し，打ち合わせをしておく必要があります（想定すべき困っている子どもの姿は p.31 参照）。

❷ 入学式後の学級指導〜人に対する安心感〜

　入学式が終わった後，教室で呼名や保護者の方々に向けた挨拶，配付物品の確認を行います。ここでの最大のポイントは自己紹介です。「この先生，おもしろそうだな」「この先生，優しいな」など，この先生と一緒に過ごすと安心できるし，いいことがありそうだなと子どもたちに期待感をもってもらえるようにすることが大切です。以下はある年の自己紹介です。

T：（トイレも終えて，席に着いてから）さあ，1年〇組のみなさん。先生の名前はもう覚えてくれたかな。さっき校長先生が教えてくれたね。

C：覚えてるよ！

T：ありがとう〜。実はね，もっとみんなと仲良くなれるように，こんなものを作ってきたよ。（拡大用紙の巻物〈右図〉を取り出して，黒板に掲示する）

C：え，なんか書いてある〜。え，タヌキがいるよ〜！

T：先生が好きなものを載せてきたんだ〜。読んでみるね〜。先生の名前は「あたたたたたんどうこた……たう」です。あれ？　先生，こんな名前だっけ!?

C：違うよ。先生，タヌキがいじわるしてるんだよ！

T：え，そうなの。じゃあ，どうすればいい？　みんな助けて〜！

といったやりとりの中で，クイズごっこ形式にしたり，相互に交流を促したり，どれぐらいひらがなを読むことができるか見取ったりします。

　他にも，「あいうえお作文」にしたり，補助の先生に言葉泥棒／子どもたちに探偵役になってもらい自己紹介を完成させたりと，様々な自己紹介が考えられます。2日目以降の教師の話（もう一度自己紹介）で，学級で大切にしたいことや，困っても必ず助けることなどを伝えていくとよいでしょう。

【参考文献】
● 安藤浩太著『小1担任のためのスタートカリキュラムブック』明治図書

2日目
必要な指導と指導法

安藤　浩太

⭐ 2日目にすること

- 登校（下駄箱の使い方）指導
- 朝の支度とその後の過ごし方の指導
- 学級開きの自己紹介
- 時間割（一日の過ごし方）の確認
- トイレや水道の場所の確認
- 帰りの支度の指導
- 下校指導

　実質，指導1日目です。ですが，あれもこれもと指導しすぎるとよくありません。必要だからといってすべてを説明されても，理解できることは限られます。詰め込むように説明されても，むしろ不安を抱き，あるいは小学校はつまらないところだなぁ，と感じてしまうでしょう。それは本末転倒です。繰り返しになりますが，第1週目の目標は「安心感」です。ここでは，「人・場所・仕組み」に対する安心感の育み方を説明します。

⭐ 2日目の流れ

❶ 登校指導・朝の支度指導～仕組みと人に対する安心感～

　支援員や6年生（6年生担任）と，役割（かかわり方）を事前に打ち合わせます。大切なのは，「やってあげる」のではなく，「1年生ができるように支える」といったかかわりです。魚を釣って渡すのではなく，魚の釣り方を教えるのです。そのために，下駄箱の使い方（巻頭カラーページ）や朝の支度は写真やイラストで場所や手順を示します。そして，それを見ながら実際にやってみることを促します。わからない場合は手助けしてあげるといったかかわり方になるよう，支援員や6年生に委ねましょう。

　1年生担任はそういった支援やかかわりを俯瞰して見つつ，個別に挨拶したり，直接声をか

けたりして，すべての子にアプローチできるようにしましょう。そのようなかかわり方を積み重ねることで子どもたちの安心感を育みます。

❷ 学級開きの自己紹介～人に対する安心感～

「なかよしタイム」（p.15）での担任の話では，１日目の自己紹介を今度はクイズ風にしてもよいでしょう。人事なことは手を変え，品を変えながら何度も伝え続けることが大切です。

担任として大切にしたいこと，絶対に譲れないことをここで話します。そのとき，真剣な顔をして子どもたち一人一人の目を見つめて話します。そうすることで，「〇〇先生は，僕たちが困っているときは助けてくれるんだ」と安心感が醸成されます。

❸ 時間割（一日の過ごし方）の確認～仕組みに対する安心感～

１年生にとって小学校で一日をどのように過ごすかは楽しみでもあり，不安でもあるので，丁寧に説明しましょう。時間割表（巻頭カラーページ）を活用しながら，「なかよしタイム」は「みんなが仲良くなるために，みんなで考えていろんな遊びをするよ」などと短く説明します。休み時間も「のんびりタイム」として説明するとよいでしょう。

❹ トイレや水道の場所の確認～場所と仕組みに対する安心感～

２日目は生理的な欲求にかかわること（トイレや水道の使い方）を中心に指導するとよいでしょう。その際に大切なのは，第１章でも述べたように「子どもたちの経験を引き出しながら指導すること」です。場所や使い方をクイズにして導入する。使い方で気をつけることを園での経験を語るよう促しながら引き出す。そして，それを価値づける。さらに，困ったことが出てきたら，すぐに教師に相談したり，みんなで話し合って解決したりする旨を伝えていきます。

❺ 下校指導～場所と仕組みに対する安心感～

初日で最も大切なのは下校指導です。学校外では危険性が増します。ましてや初めての下校です。表面上は明るく楽しいままですが，時間がかかったとしても正しい場所に正しいルートで帰れるか入念に確認しましょう。帰りの支度も初めてでバタつくことが予想されます。ですから，朝から計画的に集団下校の準備をしましょう。

事前にコースごとに付き添う担当教員を決めます。全クラスの下校コースの一覧名簿を準備します。当日，一人一人下校場所（コース）を確認します。担任は，下校コースごとに仲間集めゲームをして，教室から送り出します。校庭に下校コースごとに，並びます。集計した下校コース一覧表をもとに，担当教員が確認します。そうして，正確に確認できたら下校します。１年生担任の誰か一人は自由に動けるようにし，イレギュラー時にも対応できるようにします。

3日目
必要な指導と指導法

安藤　浩太

 3日目にすること

- 登校指導
- 朝の支度とその後の過ごし方の指導
- 話のきき方の指導
- 学校からのおたより運搬指導
- 下校指導（繰り返し）

　2日目に，学校で過ごす一日の流れ（仕組み）をある程度把握することができた子どもたち。だからといって，求めすぎはいけません。そういった基本の流れの一つ一つをより確かなものとすべく，丁寧に繰り返し指導していくことが大切です。

　3日目ともなれば，疲れも慣れも出てきます。安心していれば，子どもたちも素の姿を見せ始めてくれます。気になる姿も出てくるでしょう。しかし，ここですべきは強制的な指導ではありません。見えてきた具体的な姿を価値づけていきながら，育ってほしい方向性を端的にキャッチフレーズで伝えていくことです。

　すぐに行動の変容が見られなくても大丈夫，焦る必要はありません。にっこり笑って見てあげてください。そうすると，実は望ましい方向に向かおうとする一人一人の小さな変化がきっと見えてくるはずです。

 3日目の流れ

❶ 登校指導～人に対する安心感～

　1年生でも学校に対する不安が強い子のサインは，下駄箱周辺でその姿に表れます。見送ってきた保護者から離れられない，昇降口でモジモジして入ろうとしないなどです。その姿は問題ではありません。問題なのは，支援員や6年生では対応の仕方がわからず，困ったまま放置されてしまうことです。ですから，担任はできるだけ昇降口で子どもたちを出迎えるとよいで

しょう。そして，対応を指示したり，その子に寄り添ったりできるようにします。少し気持ちが沈んでいても担任の笑顔と明るい挨拶を聞くだけで，思わず元気が出る子もいます。

❷ 朝の支度とその後の過ごし方の指導〜人と場所に対する安心感〜

園での経験を生かして，朝の支度後に「のんびりタイム」（p.15）を設定する場合，大事なのは「その子の居場所づくり」です。支度までででぐったりした子はゆっくりしてもよいことや，余裕がある子には自分の好きなものを使って自由に遊んでよいことなどを伝え，自由に自分のペースで過ごせるようにします。教室という場所を安心して過ごせる楽しい場所だと思えるようにしましょう。

❸ 話のきき方の指導〜人に対する安心感〜

子どもたちの実態によりますが，入学3日目までに必ず行いたいのが「話のきき方」の指導です。それは，園と異なり小学校では，集団で同じ目標に向かって同じ活動を行うことが増えるからです。その際に必要となるのが，「話をきく」ということです（pp.34-35）。

ここに至るまでに，話のきき方がすばらしい子がたくさん出てきて，価値づけているかと思います。そうした子たちを例に出しながら「きくこと」の大切さについて指導するとよいでしょう。

❹ 学校からのおたより運搬指導〜仕組みに対する安心感〜

入学してすぐ，身につけたいスキルとして，「おたより（お手紙）の確実な運搬スキル」があります。小学校での連絡事項は基本的に学校から配付されるおたよりに載っていますから，確実に保護者のもとに届くように工夫が必要です。もちろんおたよりは園でも配付されますが，先生がおたよりを直接バッグ等に入れることも多く，枚数もそこまで多くありません。しかし，1年生ともなると枚数も多く，もちろん自分でしまい，届ける必要があります。

そこで，「お手紙隊（お手紙配達員，ポストマン）になるんだよ」と子どもたちに指導します。そして，成功したらお家の人からお届け成功のサインをもらいます。また右のように学級だより等で保護者の方にもお伝えして，理解を求めるようにするとよいでしょう。

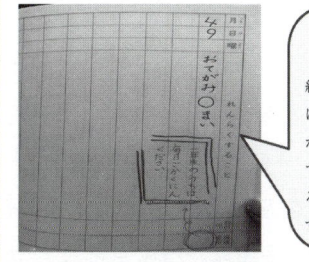

お手紙隊について

学級開き

授業開き

4日目
必要な指導と指導法

安藤　浩太

⭐ 4日目にすること

- 登校（傘の使い方，しまい方）指導
- 朝の支度とその後の過ごし方の指導（繰り返し）
- 並び方・移動の仕方の指導
- 着替え方の指導
- 校内放送が入ったときの聞き方指導
- 持ち物の整理整頓指導

　4日目になっても大切なことは変わりません。「安心感」を抱くよう，繰り返し働きかけていくことが大切です。加えて，少しずつ小学校でも自己発揮しながら「成長」「自立」できるよう，様々なことに挑戦できるようにしましょう。その際に「園での経験を引き出す声かけ」を意識するとよいでしょう。

⭐ 4日目の流れ

❶ 並び方の指導〜成長・自立へ向けて〜

　4月はじめは集団で移動することが多くあります。4月当初は基本1，2列で「名前（座席）順」「来た順」という二つの並び方を中心とします。徐々に「背の（身長）順」も指導していくとよいでしょう。「まっすぐ並ぶ」「適切な間隔で並ぶ」の二つが大切です。

　そのための効果的な合言葉は「頭は一つ（前の前の子の頭は見えない），肩にプスッ（前の子の肩にさすように）」です。前の前の人の頭が見えないように並ぶこと，「前へならえ」をしたときの手の位置や感覚を表しています。また，その際に教師も一緒に動きながらリズミカルに「パンパン（胸の前で手拍子），ハッ（前ならえ），パンパン（胸の前で手拍子），ハッ（前ならえ）」と繰り返しながら整列すると楽しく並び方の指導ができます。

❷ 着替え方の指導 ~成長・自立へ向けて~

すでに自分で衣服の着脱ができる子がほとんどです。着替え方についても園での経験を引き出しながら，工夫や注意点を引き出し，共有するとよいでしょう。そうすると，指導の中心は着替える時間・場所・片づけ方になります。

まずは，場所と片づけ方です。大切なのは着替えのしやすさです。衣服を紛失しない，手早く着替えられることに行き着きます。そうすると，自然と着替える場所は自分の机になり，畳んだり順番に体育袋にしまったりすることが大切だと気づくはずです。次に，着替える時間（目標タイム）を設定します。みんなで決めながらどんどん早くしていくタイム・チャレンジ制にするのも手です。また，プライベートゾーンの指導なども早めに行うとよいでしょう。

❸ 校内放送が入ったときの聞き方指導 ~仕組みに対する安心感~

教室のスピーカーから流れる校内放送。災害や不審者からの避難など，とても重要なお知らせが流れる場合があります。ですから，常日頃から校内放送をきく指導を徹底しましょう。その際に，効果的なのが「アナウンスくん」を用いた指導です。教室のスピーカーに「アナウンスくん」の目を貼り，擬人化します。そして次のように指導します。

――今日はみんなに新しい友達の紹介をします。それは，このアナウンスくんです。アナウンスくんは誰かのお話をみんなに伝えてくれる仕事をしています。アナウンスくんは滅多にお話しません。ですが，話すときはとっても大事なことを話してくれます。アナウンスくんが話し始めたらアナウンスくんの目を見て聞こうね。

❹ 持ち物の整理整頓指導 ~仕組みに対する安心感~

学校での一日の流れが把握でき，ランドセルや水筒，体育着や道具箱を置く場所を覚えてくるころです。続いて指導したいのが，「持ち物の整理整頓」の指導です。園では，はさみやのりなどを集めて，一斉に保管・管理するところも少なくありません。ですから，自分の持ち物や配付プリントを自分で整理する経験を積んでいない子もいます。そこで，持ち物の整理整頓について丁寧に指導する必要があります。

まずは理想の状態の見える化です。右のように，理想の状態を視覚化していつでも確認できるようにします。その際，「物にも住所（居場所・お家）がある」と端的にわかりやすいたとえで話をします。そうして整理整頓することで，どんなよいことがあるか効果を確認します。さらに大切なのは，日々のルーティンの中に持ち物を

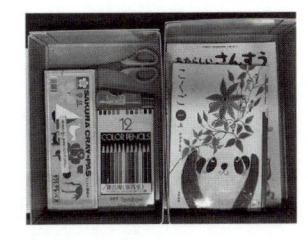

整理整頓できる時間を組み込むことです。例えば，帰りの会でお道具箱をロッカーにしまうとき，１分だけ「物もお家にお帰りタイム（整理整頓）」をとったり，すきまの時間に「はさみさんのお家はど～こだ？」とクイズをするなどして，少しの時間を毎日積み重ねていきます。

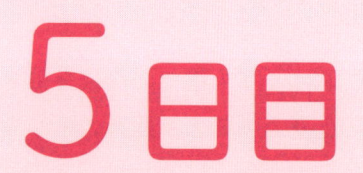

5日目
必要な指導と指導法

安藤　浩太

 ## 5日目にすること

- 朝の支度とその後の過ごし方の指導（繰り返し）
- 時間を意識する指導と学習準備の指導
- 当番活動についての指導
- 帰りの会の指導
- その他の指導（チェックリスト）

　これまで通り安心感を育むことを大切にしつつ，徐々に「成長」に向けて挑戦したり，「自立」したりすることができるようなかかわり方や仕組みづくりを意識するとよいでしょう。

5日目の流れ

❶ 時間を意識する指導と学習準備の指導〜成長・自立へ向けて〜

　時間を意識する指導で大切なのが，「心を切り替える余裕をもたせること」です。園では，時間の区切りは比較的ゆるやかです。ですから，最初のうちは，3〜5分程度の片づけの曲を決めておき，音楽の中で気持ちも切り替えながら片づけ，次の活動へと向かえるようにします。

　経験を積みスピードが速くなってきたら，曲の1番目までなど徐々に短くしていきます。さらに，時間を意識できるようになってきたら，みらいとけい（p.19）を活用します。「…は，長い針が〇（数字）までです」と視覚的に指導します。関連して，次の時間の学習準備については，みらいつくえ（巻頭カラーページ）を活用するとよいでしょう。

❷ 当番活動についての指導

　当番活動や係活動は4〜5月にかけてゆっくりスタートしてもよいでしょう。その際，当番活動から始めるとよいでしょう。それは，簡単な当番活動を行っている園が多いからです。そういった経験や子どもたちの「取り組んでみたい！」といった気持ちの高まりを受けて，始め

ましょう。当番活動には日直や給食当番や掃除当番などの当番があります。ここでは様々な当番例について載せます。

- □ 黒板消し当番（時間ごと）　□ ロッカー整理当番　　□ 木棚整理当番
- □ ○○チェック当番　　　　　□ タブレット確認当番　□ 時間割当番
- □ 保健板（出席確認）当番　　□ 手紙運搬当番　□ 配り当番　□ 窓・カーテン当番

❸ 帰りの会の指導

　下校指導に余裕が出てきたら，帰りの会の指導も充実させていきましょう。1年生の場合，日直といった当番活動は児童の実態に合わせて，スタカリが終わるころまでに導入するので，当面は教師が進めます。帰りの会のプログラムは「振り返りタイム，お話タイム，挨拶」です。その中でも，振り返りとお話タイムが大切です。

　振り返りでは，1時間ごとの活動内容を教師が伝えて，「とても楽しかった，まあまあ楽しかった，あまり楽しくなかった」のどれかに手を挙げていきます。そして，お話タイムで，楽しかったことや明日取り組んでみたいことなど，インタビューマイクン（巻頭カラーページ）なども活用しながらみんなでお話していきます。そして，お話タイムの最後にお話するのは教師とし，子どもたちの姿を価値づけたり，疑問を投げかけたりしましょう。

　「振り返り→お話タイム」が充実することで，子どもたちにとってその日一日の楽しかったことが自覚され，翌日も学校に来るのが楽しみになります。また，教師側も振り返りタイムでの挙手を通じて，一人一人のことを把握でき，翌日以降の指導に生かすことができます。

❹ その他の指導チェックリスト［4・5月編］

　最後に，4・5月に行いたい指導チェックリストを載せます。これまで5日目までに行いたいものを重点的に説明しました。ですが，子どもたちの実態によって求められる指導の順番は異なります。チェックリストも活用しながら，指導すべきことを精選していくとよいでしょう。

- □ 靴箱の使い方指導　　　　　　　　□ 提出物を出す際の指導
- □ 初めてのトラブル指導　　　　　　□ 忘れ物をした際の指導
- □ 困って泣いてしまったときの指導　□ わからないことを言えたときの指導
- □ 挨拶の指導　　　　　　　　　　　□ 返事の指導
- □ 友達との関係構築指導　　　　　　□ 鉛筆の持ち方指導
- □ 取り組むときの「はやさ」指導　　□ 落とし物指導
- □ ケガや病気のときの対処指導　　　□ 言葉遣いの指導
- □ 交通安全の指導　□ 休み時間の指導　□ 給食指導　□ 清掃指導

　その他，1年生の基本の指導型の掲示物をQRコードからダウンロードしてお使いいただけます。

学級開き

授業開き

授業開きとは

土居　正博

⭐ 1年生の授業開きは真の授業開き

1年生にとっての授業開きとは，一年間の授業開きであると同時に小学校での授業開きでもあります。他学年にとっても授業開きはもちろん重要ですが，このような意味を考えると，1年生の授業開きは「真の授業開き」といえ，非常に重要だ

ということがわかります。その後の一年間だけでなく，六年間をも左右するような時間だと捉えられるでしょう。

とはいえ，肩ひじを張る必要はありません。後に詳しく述べますが，「楽しく」「全員が参加できる」ような授業をするよう心がけましょう。子どもたちが楽しく，全員が自分なりに参加することができれば，授業開きとしての機能は十分に果たしています。

⭐ 授業や学習は楽しい！と希望をもてる1時間に

授業開きにおいて最も重要なのは，今後の授業や学習に対して明るい希望をもてるような楽しいものにすることです。ただ，「楽しい」といっても学習と関係のないことで盛り上がったり，冗談を言って笑わせたりするような「楽しい」ではありません。知的におもしろく楽しい授業をするということです。

それでは，知的におもしろく楽しい授業とは，どんな授業でしょうか。それは，端的にいえ

ば，学年相応の学習内容を扱いつつも，子どもたちが前のめりで楽しく取り組めるような授業のことです。学習する内容を変えずに，どうやったら子どもたちが少しでも楽しんでくれるかを考えていく……これは我々教師の腕の振るいどころです。そういう授業の具体は，本書の授業ページにたくさん収録されているので，参考にしてください。子どもたちが楽しく学習でき，その後の一年間，いや小学校六年間での授業や学習に対して明るい希望をもてるような1時間にしたいですね。

⭐ 全員が参加できる1時間に

　授業開きを楽しいものにすることとあわせて重要なのは，「全員が（その子なりに）参加できる」ようにする，ということです。やはり，クラスの一部分の子たちだけが楽しいのでは意味がありません。クラス全員が，その子なりに参加している，という授業にしていきたいものです。

　そのためには，教師がしっかり計画を立て，これ以上ないくらい活動のやり方について丁寧に，丁寧に伝えていくことです。「はじめに」でも述べましたが，1年生に対して伝えるのは非常に難しいことです。ですから，教師が子ども目線に立って考えることが非常に重要です。「これでは伝わらないかな」「子どもたち，これでできるかな」などと熟考していきましょう。

　また，1年生の子どもたちは，個人差が非常に大きいものです。作業のスピードや知っている言葉の数など，驚くほど違います。そういった「違い」を念頭に入れて，余裕のある授業づくりをしていくことで，全員がその子なりに参加できる授業にしていくことができます。

□1年生の授業開きは「真の授業開き」である

　一年間のスタートであると同時に小学校六年間のスタートであると心得ましょう。

□知的に楽しい授業をする

　学習内容を変えずに，どうしたら子どもが楽しめるかひと工夫します。

□全員が参加できる授業にする

　子ども目線に立って丁寧に，余裕のある授業づくりをしましょう。

国語

聞くことができる子を育てる

土居　正博

⭐ ポイント

❶ 聞くことの指導をする

　授業の基本は，先生を含めた他者の話を聞き，それを理解することです。１人１台端末を用いた学習やグループ学習などもこうした基本の上に成り立っています。ですから，１年生の国語の授業において，しっかり指導していきましょう。

❷ 話し合いの基礎をつくるペアトークをする

　話し合いの基本は２人組で話をすることです。私は１年生だけでなく，何年生になってもペアトークで話を続けられるようにすることを基本として指導していきます。

⭐ 先生クイズ

　まずは，教師がわかりやすく自己紹介をします。授業開きをするということは年度のはじめですから，話題もこの時期にぴったりです。何より子どもたちは教師の自己紹介が大好きです。自己紹介をする前に，「これから先生が自己紹介するから，よく聞いておいてくださいね。あとでクイズを出すよ」と予告するとよいでしょう。

❶ ３択クイズ

　自己紹介をした後，「先生クイズー！」と言ってクイズを出題します。１年生の子どもたちは大盛り上がりします。はじめは３択クイズにします。自己紹介で話した内容をクイズにするだけです。例えば「先生の好きな食べ物は何でしょう。１番スイカ，２番トマト，３番リンゴ」といった具合です。時折，子どもたちが笑ってしまうようなものも選択肢に入れていくと子どもたちがさらに盛り上がるでしょう。そして，おそらくほとんどの子が正解するので，「よく先生の話を聞いていましたね。授業では，そうやってしっかり先生の話を聞くことが大切です」と，聞くことの価値づけをしていきます。

❷ 選択肢なしのクイズ

　３択クイズの後は，「みんな，大正解ばかりだから，少しクイズを難しくしようかな。やってみる？」と尋ねます。きっと子どもたちからは勢いよく「うん！　やってみる！」と答えが返ってくるでしょう。次は，選択肢を示しません。このルールについてわざわざ説明すると，かえって子どもたちは混乱してしまいますので，「先生の好きなスポーツを覚えている人は手を挙げてください」とすぐに選択肢なしでクイズを出してしまいましょう。

　多くの子が手を挙げるはずです。そのうちの一人を当てて，答えてもらいます。そして教師は「すごいなぁ。こんなにたくさんの子が手を挙げていて。よく聞いていたんだね。そうやって，授業では，先生や友達の話をよく聞いて，お話したいときは手を挙げて話すようにしましょうね」とたくさん褒めます。

　なお，自己紹介→ずっとクイズだと，自己紹介をあまり聞いていなかった子が参加しにくくなるので，小刻みに，自己紹介→クイズ→自己紹介→クイズ……とするとよいでしょう。

⭐ ペアトーク

　先生クイズの後は，ペアトークをしましょう。まず，ペアの相手を丁寧に確認します。「この列の人はこの列の人と……」とかではなく，「あなたはあなたと……」と一人一人伝えるくらい丁寧に確かめます。その後，話す内容を確かめます。はじめなので，「好きな食べ物」や「好きな色」などの「好きな○○」というわかりやすいテーマがよいでしょう。「先生が，終わりますと言うまでお話を続けましょうね」と，いつまで話すのかも明確に伝えます。教師は，話している子どもの様子をよく見取り，話を続けられている子たちや相手の目を見て話している子，相手の話をしっかり覚えている子などを見つけ，たくさん褒めることでペアトークを充実させていきましょう。

□ 先生クイズで話を聞く姿勢を養う
　　先生の自己紹介をクイズにして，楽しく聞く学習をします。
□ ペアトークで話し合いの基礎を養う
　　丁寧にやり方を伝え，全員が楽しく話し合えるようにします。

算数

もし数字がなかったら…？

前田　健太

⭐ ポイント

❶ 期待感をもたせる

　１年生の授業開きは，これから始まる長い算数・数学の学びのスタートです。やはり一番大切なのは，「算数の授業って愉しそうだな！」と子どもたちに感じてもらうことです。

❷ クラスみんなで学んでいく意味を伝える

　ただ知識を習得するだけならば今や YouTube などオンラインで十分に学ぶ環境は整っています。それにもかかわらず，学校で顔を突き合わせて学ぶのは，自分以外の様々な価値観に出会うためです。仲間の意見を大切にすることを伝えましょう。

❸ 考えることが何より大事

　算数は「できる」「できない」がはっきりしている科目です。しかし，大切なのは自分なりに「考える」ということです。正解・不正解ではなく，自分なりの意見を述べることが最も重要であることを伝えます。

⭐ １時間目「もし数字がなかったら…？」

　１年生担任を経験するとわかりますが，１年生の子どもたちは算数について真っ白な状態で入学しているわけではありません。特に数字については，小学校に入る前からよく目にしています。また，数えるということも日常で経験している子がほとんどでしょう。そこで，子どもたちに数字がなかった時代のことを考えさせます。そうすることで，数字があることの有用性や数を１対１で対応させる必要性を感じることになります。

〈授業例〉

T：昔，昔あるところに羊飼いがいました。朝，羊を小屋から出して，草原で遊ばせます。そして，夕方になったので，羊を小屋に連れ帰りました。さて，全部の羊が帰ってきているのか確かめるにはどうしたらいいでしょうか。

C：簡単。数えればいいよ。

C：羊の首に番号をつける。

T：そうだよね。数えたり，番号をつけたりしておけば簡単だね。でも，実はこれは大昔の話なので数字というものがなかったんです。だから，数えたり，番号をつけたりすることはできません。

C：え〜。じゃあ，どうしたらいいんだろう？

T：ちょっとこの絵を見てください。ここにヒントが隠されているよ。

C：羊飼いが何か持っている。

C：石だ。

T：確かに。石を持っているよね。石をどのように使ったんだろう？

C：あ，わかった。朝，羊を1匹外に出したら，石を1個袋の中に入れたんだ。

T：そんなことをして何かいいことあるの？

C：そうすれば，袋の中にある石の分だけ羊が外に出たということがわかるよ。

T：でも，どうやって全部が戻ってきたかわかるの？

C：今度は夕方羊が1匹小屋に戻ってきたら，袋の中から1個の石を外に出せばいいよ。

C：そして，袋の全部の石が外に出れば，全部の羊が戻ったっていうこと。

T：石一つが羊一つの代わりになっているということだね。

「聴く」大切さを伝える

　授業開きでは，授業の受け方を伝えていくことも大切です。特に「聴く」ことです。1年生の子の多くは，自分の意見を言いたいという意欲はあります。一方で，自分の意見を言いたい気持ちでいっぱいで，友達が話をしているときに聞いていないことも多いでしょう。そこで，「今，Aさんが言ったことをもう一度言える人？」と尋ね，友達が発表したことを再現させるようにしましょう。そうすると，最初はほとんどの子が手を挙げられません。手を挙げていても，Aさんが言ったこととは違う話をする子も多いでしょう。そうやって自分自身が友達の話を聞いていないことを自覚させ，再びAさんに話をしてもらい，もう一度チャンスをあげるようにします。そういったことを一年間繰り返しながら，友達の話を聴く大切さを伝えましょう。

生活

子どもから出る疑問からスタートする学校探検

大図　俊哉

★ ポイント

❶ 子どものつぶやきをキャッチする

　生活科は，子どもの思いや願いをもとにして，子どもと共につくっていくのが大前提です。「○○してみたい」「△△ってどうするの？」のような，素朴なつぶやきを聞き逃さないように意識します。また，キャッチしたつぶやきに対して共感や価値づけをすることも大切です。

❷ 模造紙を掲示して子どもの姿を残しておく

　上記のようなつぶやきや活動中の気づきなどは消えていってしまいます。教室に用意した模造紙に書き込んでおくと，価値づけたり次回の授業で示したりする際に役立ちます。

❸ 「学校生活」との重なりを意識する

　1年生のはじめは，きっちり「45分間の授業」として生活科の授業を行うというよりも，時間や内容を柔軟に考え，子どもの実態に応じて行うのがよいです。例えば「気になっていた校庭を見に行こう」や「トイレはどこにある？」という内容から始まってもよいのです。

★ 子どもがもっている「？（はてな）」を価値づけて共有する

　❶でもお伝えした通り，授業開きでは必ず，子どもの素朴なつぶやきをキャッチすることが大切です。例えば，「先生，校庭で遊んでもいいの？」や「どんなお部屋があるの？」などの疑問です。もしかしたら，生活の授業が始まる前から子どもたちが言っているかもしれません。そんなときこそチャンスです。「学校のことが気になるんだね」「わからないことを正直に言えて，素敵だなぁ」などのようにすかさず価値づけをし，「疑問や素直な思いを声に出す」ということのよさを子どもが感じられるようにします。

　子どもが発言した疑問は「学校の『？（はてな）』」と呼ぶこととし，子どもと共有します。さらに用意しておいた模造紙に，子どもから出てきた「学校の『？』」を書きます。はじめに「？」を

言った子どもは，価値づけられてうれしいでしょうし，「他にも『？』はあるかな」と聞くと，多くの子どもたちが次々と疑問を言ってくれるでしょう。ここで出てきた疑問も模造紙に記録していきます。

⭐ 「？」を「！」にしていくよさをみんなで体験する

「学校の『？』」がたまってきたところで，教師が「このみんなの『？』，どうしようか」と問います。すると子どもたちは「見に行く！」「確かめたい！」「解決しよう！」と意欲や見通しをもつでしょう。そこで，教師は「どれが確かめられそうかな」と問い，子どもたちが順序を自己決定していく補助をします。その後は決定した順序に従ってみんなで実際にその場所に行き，疑問の解決をしていくのです。これがよくある〈学校探検〉の始まりとなります。

実際の場所に行ったときに，子どもたちは「先生，おもしろい絵が飾ってあるよ」「お姉ちゃんが勉強していたよ」「グラウンドが幼稚園よりも広くて気持ちいい」などのように気づいたことや感じたことをつぶやくでしょう。その一つ一つに耳を傾け，共感したり一緒に驚いたりしていくと，子どもたちは大切な気づきをたくさん発言していくようになるでしょう。

教室に戻ったら，探検中のつぶやきを取り上げたり，子どもたちに問いかけたりして，気づきを共有します。その際，探検前に模造紙に書いていた「学校の『？』」の箇所に「！」マークを書き，解決した印としていきます（１週間ほどで写真のようにたまります）。これらの活動により，子どもは「問いをもつこと」「活動を自己決定すること」「小さな問題解決を積み重ねること」のよさを，実体験を伴いながら感じていくでしょう。なお，学校探検に行く形態は，はじめはみんなで一緒に行ったとしても，子どもたちと意思確認をしながら，グループ・ペア・個人などのように柔軟に変化していけるとよいです。

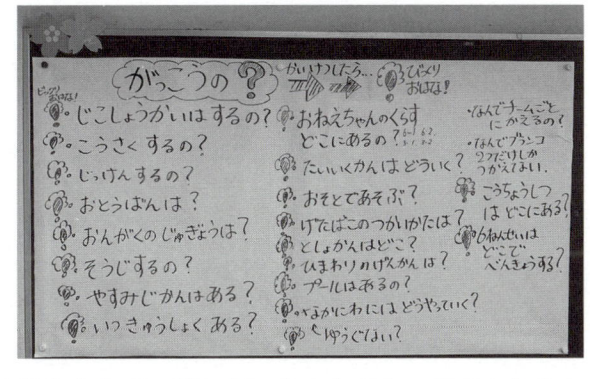

⭐ 初めての学校探検の様子は写真・動画で記録する

子どもの初めての学校探検はワクワク・ドキドキでいっぱいです。その一つ一つが貴重な瞬間です。子どもがどんなことに気づいているのかをよく見取りつつも，状況に応じて教師がタブレット端末などを用いて撮影しておくとよいです。子どもの驚きや発見，大切な気づきを教室で共有する際に役立ちます。また，春の学年・学級懇談会や学級だよりなどでも，子どもたちの姿をわかりやすく伝えることができます。

音楽

楽しみながら「できた！」の中に「やってみたい！」を入れる

土師　尚美

⭐ ポイント

❶「立つ」「座る」はよく聴いて

　楽しい活動を始める前に，よく聴く練習をしましょう。「立つ」ときには「♪ドレミファソ」，「座る」ときには「♪ソファミレド」とピアノで弾きます。「次はどっちが聴こえるかな」とゲーム感覚で練習するのもいいですね。これからの音楽の授業で，グループで活動したり，席を離れて演奏したりすることもあります。「あっ！　この音は……」と一人一人がよく聴くことで，教師が注意する言葉をかけることなく，楽しい雰囲気の中で授業を進めることができるでしょう。

❷ 知っている曲で安心感を

　入学して，新しいことが多く緊張している１年生。「この曲知ってる」「幼稚園で歌ったことがある」と思えるだけで，気持ちがホッとするものです。幼稚園で人気の曲や，振り付けがある歌，昔からある歌などを調べてみましょう。出身幼稚園，保育所の先生に聞いてみるのもよいですね。まずは教師も一緒になって楽しく歌うことから始めてみましょう。

❸ 勝ち負けが出ないものを

　歌いながらじゃんけんをしたり，オニを決めて遊んだりする歌などたくさんあります。勝ったり負けたりすることでクラス全体が盛り上がることもあります。しかし，１年生の中には負けるかもしれないからとじゃんけんをすることを嫌がったり，負けたことでそこからの活動に参加できなくなったりする子もいます。子どもたち一人一人のことをまだしっかり把握できていない授業開きの段階では，勝ち負けが出ないものを考えましょう。

　みんなが動きを合わせる。みんなで記録をつくる……など，共に喜べる設定ができるといいですね。

⭐ まねっこリレー

教師がする三つの動きを子どもたちが真似て，つなげていく遊びです。

〈動きの例〉

T：①，②，③，はい！
C：①，②，③，はい！

何度かしてルールがわかったら，教師がしていたところを子どもが行います。

- 教師は打楽器で拍を打ち，みんなが同じ拍を感じられるようにする。
- みんなが真似た後に「次の人（名前でも OK）」とかけ声を入れると，次の子が入るタイミングをとりやすい。
- 慣れてきたら声を入れても OK にすると盛り上がる。

どの子も参加でき，子どもたちが大好きなリズム遊びです。

⭐ わらべ歌（なべなべそこぬけ）

2人1組になって両手をつないで向かい合わせになります。歌に合わせて手を離さないように背中合わせになったり，元に戻ったりする遊び歌です。

何度か繰り返していると「先生，人数を増やしてやってみたい！」という声が出てきます。そこで「じゃあ次は，4人組でしてみようか。できるかな」と声をかけ人数を増やしていきます。歌を「♪かえりま〜〜〜しょう」と伸ばすことで安全に回ることができます。できたらみんな大喜びです。どんどん人数が増えてくると危ない場合があるので，様子を見ながら，教師も一緒に入り誰の間を通り抜けるのか示したり，「ゆっくり，ゆっくり」と声かけをしたりするとよいでしょう。

図画工作

すきなもの　なあに
～形と色の世界へ誘い，自由に表現できる授業～

渡邉　裕樹

⭐ ポイント

❶ 形と色の世界へゆるやかに誘う

　図工は「形と色の教科」です。導入から「形と色」を登場させ，子どもたちが「わぁ！」「おもしろい」など，心を動かすことで形と色の世界へゆるやかに誘います。

❷ 子どもたちが自由に表現できる活動にする

　子どもたちは，形や色で表現することが大好きです。自分なりに自由に表現できるように，幼児期から使い慣れている用具や材料を用いて活動しましょう。何を描くか・何色で表すか，など，子ども自身が決めることができるシンプルな題材からスタートするとよいでしょう。

⭐ すきなもの　なあに

　3枚のカードを用意して，裏返してマグネットで黒板に貼り付けます。

　「ここに3枚のカードがあります。裏には私の好きなものの絵を描きました」

　すると子どもたちはカードに何が描かれているのか，想像をふくらませながら「えぇ！」「なんだろう？」とつぶやき，前のめりに目を輝かせ始めます。

星の形が好きで，
好きな色は青です

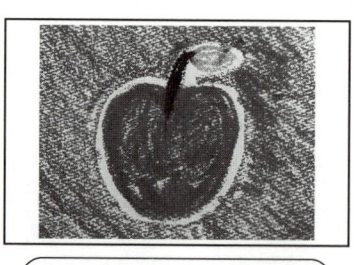

好きな食べ物は，りんごです
甘くておいしいよね

趣味は山登りです
木々の緑がきれいです

　カードには先生の好きなものを正直に三つ描くことが大切です。決して上手でなくてかまい

ません。先生なりの「好き」を表現して，子どもたちに伝えます。

　カードに何を描くかのポイントは，三つをあえてバラバラにして自由度を伝えることです。

　先の例でいうと，横がき・縦がき，抽象的・具体的，色を重ねる・重ねない，背景をぬる・ぬらないなど，描き方にバリエーションがあると，わざわざ説明をしなくても子どもたちに自由度が伝わります。もし例示がどれも同じようにそろって見えると「このように描きましょう」という暗黙のメッセージになってしまい，子どもたちの表現を狭めてしまう可能性があるので注意が必要です。

　そして，導入の終わりに，たくさんの積み重なった白紙のカードを提示します。その瞬間に，今から何をするのかを子どもは直感的に理解し，「私もやりたい」「僕は○○を描く！」とイメージがふくらみます。図工は，形や色とかかわり，感性を働かせ，イメージをふくらませる教科です。教科特有の「見方・考え方」を導入でも有効に働かせることが重要です。

　あとは，カードを１枚ずつ配り，子どもたちが自由に「好き」を表現します（最初に１枚だけ配付し，１枚終わるごとに２枚目以降は自分で「おかわり」します）。

　描き始めると「みてみて！」「あのね！」と子どもたちは伝えたいことが次々湧いてきます。普段自分を表現することが苦手な子の「好き」を知るきっかけになったり，子ども同士で「それいいね」「私も好き」とお互いを知ったり「好き」を共感し合ったりもできます。子どもたちがかかわりやすいように，グループ隊形で活動するとよいでしょう。

　活動中は，子どもたちの「すきなもの」の世界を，先生もまずは目で見て味わい，つぶやきを聞いて楽しみましょう。途中で「何描いているの？」などとむやみに話しかけず，子どもが夢中になって活動している（資質・能力を発揮している）姿を見守り，たっぷり保障してあげることが大切です。

学級開き

授業開き

- ● 描く用具はクレヨンを使う。
- ● カードは，八つ切画用紙の４〜８分の１程度のサイズを使用する。
- ● 活動の開始前に終わりの時間を伝える。
- ● ３枚でなくても，夢中で描いた１，２枚でもOK！
- ● 早く描き終わった子に４枚目を渡すと枚数を増やすことが目的化してしまう場合もあるので，先生が自分のカードをさらに工夫してみせ，一枚一枚じっくり描く楽しさを伝える。様子を見て５枚までなど上限を決めながら増やすことも考えられる。
- ● 描き終えたカードは画用紙など台紙に並べて貼り付けるか，テープ状の紙で縦に連結してのり付けし，教室や廊下に展示するとみんなの好きなものを鑑賞することができる。

体育

子どもの「やってみたい！」から始める
のめり込む体育の学習

眞砂野 裕

⭐ ポイント

❶「安心感」のあるスタートを

「体育は，楽しむことが一番大切！」──入学前から「できる・できない」の世界で運動を捉えている子どもがいます。まず，個々がその運動を楽しむことが大切なことを伝えましょう。

❷「やってみたい！」を引き出すスタートを

はじめに押さえたいのは，「思考力・判断力・表現力」に基づいた「学びに向かう力」です。自分がやってみたいことをどんどん表現し，やってみてよいことを伝えましょう。

❸「危険・トラブル」も子どもから引き出すスタートを

体育あるいはその時間ならではのリスクがあります。そして，意外と子どもはそれがわかっているものです。「この時間でケガしたり，ケンカしちゃいそうなのはどこ？」「じゃあ，そういうときはどうすればいい？」と，子どもが気づかない視点は補足してあげてください。

⭐ 体育倉庫は「宝箱」

子どもたちの好奇心を刺激し，体育への学習意欲を高めるためにも，ぜひ体育倉庫を子どもたちに見てもらいましょう。整理整頓や用具を大切に扱うことも含め，体育倉庫が「自分たちの場所」になったらいいですね。例えば，こんな見学方法があります。

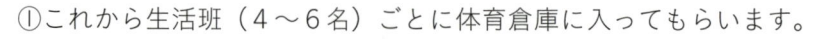

①これから生活班（4〜6名）ごとに体育倉庫に入ってもらいます。
②中では棚や用具に上ったり，走ったりしないこと。
③あとでクイズを出すから，よく見てきてね！
⇒この後，各班1分程度で交代。全班終わったら扉を閉めて……
④さぁ，どんなものがありましたか？　使ってみたいものは？　等
⑤どのクラスより，片づけもがんばろうね！

⭐ 導入のパターン化

他教科に比べて，活動範囲が広く自由度の高い体育の時間です。特に，授業の導入は7分を目安にパターン化し，学習を効率化しましょう。掲示物などで視覚化することがポイントです。

① 本時のめあてを確認

単元のはじめ……学びに向かう力を視点にしためあて

　　例：○○をつかっておもしろいことをやってみよう！

単元の中……思考力・判断力・表現力を視点にしためめて

　　例：「きづいたこと」をどんどんはっぴょうしよう！

単元の終わり……知識・技能を視点にしためあて

　　例：じょうずにできる「こつ」をみつけよう！

白線や用具は朝のうちに準備しておきましょう！

② 準備運動

同じ場所（先生の立ち位置も固定）で，今日の運動に必要な準備運動をしましょう。

軽快な音楽の利用や，使用する用具を使う準備運動も有効です。

③ 学習の流れを確認

どこで，どんなことをするのかの見通しをもたせましょう。

④ 振り返り

振り返りの内容（必ず上記①に沿った内容）もはじめに伝えておきます。

心を集める（集中して話を聞かせる）アイデア

話をする際，過度な注意ではなく「子どもの心を集める」視点で工夫してみませんか。

〈その1〉「先生，ど〜こだ？」〜担任を見つけることで，心を集めるアイデア〜

個々やグループでバラバラに活動しているとき，少し大きな声で「先生，ど〜こだ？」と声かけし，ほぼ全員がこちらを見つけたら話し始めます。その際，注目させたい子どもやグループの近くで声かけすれば，その後の活動にもスムーズに入ることができますよ。

〈その2〉リズムをシンクロさせる〜担任のリズムを真似させることで，心を集めるアイデア〜

注目させたいときに，手拍子やリズム太鼓を短いリズム（繰り返し）で鳴らし，気づいた子どもにそのリズムを真似してもらいましょう。早く気づいた子どもに目を合わせたり称賛したりしながら，ほぼ全員が真似し始めたら話し始めます。移動させたい場所に全員を連れていくときや，担任の周りに小さく集めたいときにも，活用することができますよ。

特別の教科　道徳

自分のことをたくさん話そう

広山　隆行

 ポイント

❶「道徳」で何を学習するのか考える

　国語や算数の学習と違い，道徳は何の学習をするのか１年生はよくわかっていません。そこで，先生なりの言葉でよいので「こんな勉強をするんだよ」と教えましょう。

❷ 教科書の絵を使って考える

　入学したての１年生は，まだ字を習っていません。また，学習習慣もこれから身につける段階ですので，耳で聞く力も十分とはいえません。教科書は各社とも最初に絵を用いたページがあります。そのページを活用して授業を構成しましょう。

❸ どんなことでも話していいからね

　子どもたちは，勉強には答えがあるものと思い込んでいます。そのため，わからなかったら発言しない子どももいます。自分の考えや経験を自由に語れる雰囲気をつくります。

⭐ 「どうとく」って，こんな勉強!?

　１年生にとって「道徳」という言葉自体が初めて聞く言葉です。ですから，そもそも道徳とはどんな勉強をする時間なのか確認しなくてはいけません。まず，授業開きでは道徳で何を勉強するのか子どもたちと確認しましょう。授業の最初から「道徳ってね……」と先生が道徳の授業の説明をしてもよいのですが，そこは授業開き。一年間の道徳を進めていくうえで大切になる子どもたちとの対話を中心に考えます。

　「『どうとく』ってどんな勉強をするのかな？」

と投げかけてみましょう。すると何人かの子どもの方から「いいことをする」「心の勉強」「幸せになる勉強」と答えてくれます。もし誰からも意見が出なければ，教科書の表紙を見せて「この絵からどんな感じがする？」と，問いかけてみましょう。そのうえで，「道徳ってね，み

んなが幸せになるための勉強だよ」「楽しく過ごすための勉強だよ」「みんなが仲良くなるための勉強だよ」のように先生なりの言葉で伝えてあげましょう。「そうか！　この勉強をすると，いい子になれるんだ！」という雰囲気ができれば，授業開きは成功です。

⭐ 絵（イラスト）からイメージを広げる

　各社の教科書はいずれも内容項目は違うものの最初のページは絵（イラスト）によって構成されています。この絵を用いて次のような言葉かけをして子どもの発言をたくさん引き出しましょう。
① 「何か気づいたことはないかな？」
② 「何かわからないことはないかな？」
③ 「自分と似ているなぁっていうところはないかな？」
　①の言葉かけで，絵を注意深く見て，自由に意見を発表できます。そこには絵の中にある道徳的諸価値を見つける子どももいるはずです。②の言葉かけで，学習が主体的になります。中には，先生の発問に似た道徳の授業にかかわる疑問を出す子どももいます。③の言葉かけで，教科書と自分をつなげる見方ができます。これから学ぶ道徳の勉強で出てくる読み物教材の登場人物に自分を重ね合わせることにつながります。授業開きの授業では①②③のどれか一つができれば十分です。子どもの発言をたくさん引き出し，そこから授業を展開してみましょう。「道徳は自分の意見を聞いてもらえる時間なんだ」という経験をさせましょう。

⭐ パペット人形で会話する

　道徳の時間にちょっとひと工夫。パペット人形を登場させます。先生が一人で話してもよいのですが，パペット人形とやりとりする形で進めると授業が盛り上がります。先生の一人二役です。授業で子どもの意見が出にくいときはパペット人形に意見を言わせたり，あえて反対意見を言わせたりする工夫ができます。人形の登場によって発言が活性化します。また，先生が人形役をすることで，その後の授業で役割演技をするときのイメージが湧きやすくなります。ちなみに私は右のようなパペット人形を愛用しています。

【参考文献】
● 横山験也監修，広山隆行編著『道徳読み』さくら社

第 **3** 章

小学 1 年の学級づくり & 授業づくり
12か月の仕事術

4月

今月の見通し

丁寧に「教えること」，自主性を発揮するのを「待つこと」

曽根　朋之

今月の見通し

学校行事	家庭との連携

学校行事

- 始業式
- １年生を迎える会
- 交通安全教室
- 健診（身体測定，眼科，歯科，心臓，内科等）

学年・学級

- 話し方や聞き方の指導
- 一日の過ごし方（支度，授業，休み時間等）
- 集団行動の指導（集合，整列，移動）
- 日直活動の指導（朝の会，帰りの会）
- 給食，掃除，当番活動の指導

家庭との連携

- 保護者会
- 提出物（保健書類や生活指導系書類，尿検査）
- 登下校の見守り
- 学習準備

他

- 使い方指導（ロッカー，下駄箱，トイレ，水飲み場，タブレット型 PC，学習用具等）
- 基本的な生活習慣の指導（着替え，挨拶，返事，持ち物，手洗い等）
- 特別支援学級との連携
- 避難訓練

　小学校に入学したばかりの１年生ですが，入学前には幼稚園・保育所の最上級生として卒園していることを考えると，できることは多いはずです。１年生の４月だからといって，すべてお膳立てをして，子どもたちの自主性を奪うことにならないように気をつけたいです。

⭐ 自主性を育むために

　「教えること」と「待つこと」のバランスに注意していきます。ロッカー，下駄箱，机の使い方などの「教えること」については，実際の場所で見せながら丁寧に教えます。一度教えたことを定着させるために，困ったらそこを見ればわかる掲示物を活用し，子どもが自主性を発揮するのを待ちます。また，お手本となる姿を個人名で価値づけすることも意識するとよいで

す。例えば，朝の会を時間通り始めるためにクラス全体に声をかける姿が見られたとします。「○○さんは，時間を見て声をかけてくれたね」と，すかさずクラス全体の場で価値づけます。具体的な姿を価値づけていく指導は，子どもたちとの関係づくりにもつながります。すぐには効果が表れないかもしれませんが，丁寧に「教えること」，自主性を発揮するのを「待つこと」に粘り強く取り組むことで，子どもたちの自主性を育む土台をつくっていきましょう。

⭐ 困ったらそこを見ればわかる掲示物

　1年生は，2年生以上が当たり前に知っている下駄箱の使い方，朝の準備の仕方，朝の会・帰りの会の進め方，給食や掃除など，学校の流れを知ることから始まります。覚えることがたくさんあるので，繰り返し確認していきたいところです。しかし，すべての子どもに逐一担任から直接伝えることはできません。そこで，「困ったらそこを見ればわかる掲示物」を作ることが効果的です。掲示物は，朝の準備の仕方や掃除の仕方がナンバリングされているものをイメージしてください。また，情報伝達用の掲示板として，右の写真のように黒板やホワイトボードを活用します。朝，来たらまずそこを見るということを定着させていくことで，教師が一人一人に指示せずに，子どもが自主性を発揮して動ける環境設定をしていきます。

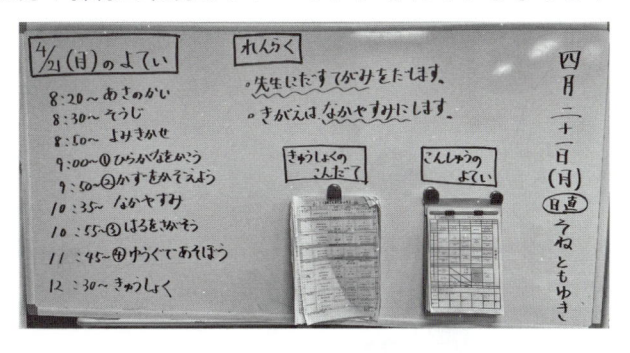

⭐ お手本となる姿を個人名で価値づけ

　学校行事に関しては，基本的には上級生が企画してくれるものに参加することがほとんどです。参加しているときの態度など，気になることがあるかもしれませんが，最初は完璧でなくても許容しましょう。一方で，中には話している人を見てお手本となるような態度で参加している子が必ずいます。その子たちの姿を右の写真のように撮っておきます。終わった後に，全体に向けて「よくお話を聞けていたね」ではなく，「○○さんは，ずっと話している人の方を向いて話を聞いていたよ」と写真を見せながら個人名を出して，価値づけをします。あえて個人名を出すことで，周りのその子を見る目が肯定的になっていく効果もあります。多くの子を価値づけられるように，よく観察し，記録しておきましょう。

学級づくりのポイント

4月

園での子どもたちの姿から
「先生大好き！みんなと一緒で楽しい！」を最優先に

親泊　絵里子

⭐ 就学のほんのひと月前，子どもたちは…

　3月の園生活では，卒園・修了を前にして，自分の力を十分に発揮しながら，園での好きな遊びを存分に楽しんできました。これまでの園生活を通して築いてきた仲間関係の中で，互いのよさを認め合いながら，一人一人が自信をもって遊びや生活を進めてきました。

　また，当番の仕事や行事の司会など，年長児として担ってきたことを年少児にやり方を伝えたり一緒に取り組んだりして引き継ぎ，就学への見通しと自分たちの成長を感じてきました。

⭐ 「園ではどうやっていたの？」と聞いてみる

　このように，子どもたちは園生活の中で得た自信を胸に，小学校に飛び込んでいます。「園では友達とどんな遊びをしていたの？」「園で朝の支度はどうやっていたの？」などと聞いてみましょう。きっと子どもたちは，意気揚々と自分の経験を伝えようとするでしょう。

　園での経験を，小学校でも同じようにすることが目的ではありません。複数の園から就学してくるなど，子どもの経験も様々です。先生自身が「そんなことができるんだ」「そんな方法があるんだ」と気づくことで，子どもの自信を引き出してあげられるでしょう。また何より，先生が自分の経験してきたことを知っていてくれる・聞いてくれるということが，子どもたちにとっての安心感となり，一人一人の意欲と自己発揮を支えていきます。

先生大好き！みんなと一緒で楽しい！という思いが最優先

　園生活を充実させてきた子どもたちは，新たな先生や友達との出会いに期待をもち，先生のことが好き！仲良くなりたいと思っています。また，子どもは自らこの先課題に向かったり困難を乗り越えたりしていく力の芽も備えています。学校生活のスタートは **"先生大好き！みんなと一緒で楽しい！"** という思いを最優先に，以下のことに目を向けてみてください。

❶ その子の好きなもの・ことを知る

　この時期の子どもたちは，自分の好きなものがわかってきます。好きなものを通して世界が広がったり，誰かとつながったりしていきます。その子の好きなものを知って話題にしたり，一緒に楽しんだりすることで，一気に子どもとの距離が縮まることを実感できるでしょう。

❷ 全身を使って，動きながら学ぶことが得意

　幼児期には，見たり触れたりしながら直接的・具体的な体験を通して，物の仕組みに気づいたり，どうやったらうまくいくかを考えたりして学んできました。そのため，ずっと座っていたり聞いていたりするより，いろいろな形態の中で全身を使って動きながら学ぶことが得意です。"一度バラバラになったら，元に戻れないのでは……" と心配されることもあるかもしれませんが，"動いて……集まる" ことには慣れていますから，大好きな先生の元に戻ってきます。

❸ 見えているのは，その子の思いのごく一部

　話をしているともう何でも言葉でやりとりができるように感じるかもしれませんが，自分の気持ちを表現することは，まだまだ言葉だけでは難しい面があります。そのため，表に見えている面はその子を表す，ごく一部だと思ってください。表情や視線，動きや雰囲気，つぶやきなどのいろいろな形で表れ，時に発している言葉とは異なるものが潜んでいることも多いです。言葉や見えている面だけでなく，「どうして〜しているのかな」「何に心を動かしているのかな」と，その内面を想像しながら一人一人の子どもを理解していくとよいです。

〈幼児指導要録・保育要録の中に，チャンスとヒントが!?〉

　様々な準備に忙しいころですが，ぜひ指導要録・保育要録に目を通してみてください。「虫が好き」「作ることが好き」「友達のことをよく見ている」等，一人一人の好きなこと・今もっている力が見えると，子どもとつながるチャンスが生まれます。環境のつくり方や園の先生のかかわり方も，子どもの力を引き出すヒントになるでしょう。**「幼児期の終わりまでに育ってほしい姿」は子どもの力を見える化する手がかりです。**

4月

小学校の一員を実感する
1年生を迎える会

関根　愛弓

⭐ 入学した喜びが伝わるように

　1年生を迎える会は，児童会活動と連携して行われることが多いと思います。「小学生になってうれしいな！　お兄さんお姉さん，仲良くしてください！」の気持ちが伝わる素敵な会になるよう準備をしましょう。児童会担当の先生との打ち合わせも忘れずに行いましょう。

⭐ 全校が1年生の入学を心待ちにしていたことを伝えよう

　1年生の入学準備のために他学年が前年度末から準備をしてきました。他学年が1年生のために心を込めて準備してきたことを伝えましょう。入学時の教室事前準備の様子は写真を撮っている学校が多いと思います。前年度に作品を作ってくれた学年はその様子が残っているかもしれません。それらの様子をPPTなどにまとめて，準備をしている上級生の様子を伝えます。すると，自分たちの教室に飾られているものは，他学年が心を込めて自分たちに準備をしてくれたことがわかると思います。「1年生からは『準備をして待っていてくれてありがとう，これからよろしくね』の気持ちを伝えられるといいね」といったように，1年生にとって参加する目的が伝わるようにしましょう。

⭐ 素敵な1年生の姿を見てもらおう

　1年生も演目がある学校があると思います。ない場合も，他学年が準備してくれた出し物を見たり参加したりします。練習を始める前に，「素敵な○○小学校の1年生の姿ってどんな姿かな？」と聞いてみると，よく見る，まっすぐ立つ，話すときは大きな声にするなど素敵な1年生のイメージが浮かんできます。それらを意識しながら見ているときの姿勢を確認したり出し物の練習をしたりします。

1年生だけの演目がある場合，すぐにできそうなものにしよう

　1年生だけの演目がある場合，時間が限られているのでできる範囲で行いましょう。卒園式で呼びかけをしたり歌を歌ったりしていることが多いので，同じような形にしてイメージが浮かびやすいようにします。在校生の人数が多い学校だと，前に立つだけで緊張する子もいます。全員が参加しやすいものに決めましょう。

❶ 呼びかけ

　一文を何人かに分けて担当するようにしましょう。一人で担当する分は少ないですが，誰の次を担当するのかは練習でわかるようにしておきましょう。また，大きな声で言葉が届くようにするのも大切です。1年生にとって大きな声のイメージはつかみにくいので，遠くに座っている人まで届くように，1年生が座るところから遠くの正面にあるものを目標物として，そこまで声が届くように意識できるよう声かけをしましょう。

❷ 歌

　1年生だけで歌を披露する場合，1年生になった喜びを表現する歌を歌いましょう。定番ですが「一年生になったら」がおすすめです。卒園時に歌っていることが多いので，あまり時間をかけずに歌うことができます。音楽の時間に入学をお祝いする歌をいくつか歌いながら，知っていそうな曲に決めるのもよいと思います。

> □素敵な1年生の姿を共有する
> 　「素敵な○○小の1年生の姿，何かを見ている，参加しているときの姿ってどんな姿かな？」などと聞いてイメージを共有しましょう。
> □簡単で取り組みやすい出し物にする
> 　準備時間があまりないので，簡単で取り組みやすいものにしましょう。
> □入退場の方法を確認する
> 　1年生たちだけで入退場するのか，他学年と手をつないで入退場するのか確認しておきましょう。座る場所を決めておくと思うので，他学年が連れていってくれる場合は事前に練習するなどして入退場の確認をしましょう。

4月

レク

仲間づくりのレクリエーション
〜なかまをさがせ！〜

⏱ **15〜30分**

ねらい 互いを知り，学校生活への期待感を抱く。
遊びを通して，集合，整列といった集団生活の基礎となる行動につなげていく。

準備物 トランプ（ナンジャモンジャカード）

佐藤　順子

⭐ どんなレク？

　トランプを1人1枚配ります。トランプの「同じ数字」を持つ3〜4人組で集まります。そのグループで，自己紹介（呼んでほしい名前）や提示されたテーマについて，会話をします。トランプを交換し，新たなカードの同じ数字を持った仲間と集まり，会話を繰り返していくことで，多くのクラスメイトとかかわり，お互いに知り合う活動です。

　活動開始時は，トランプを見せても話をしても，何をしてもよいという条件で実施し，同じ仲間が集まったら，座ります。（言語の指示だけでは理解が不十分な子どもがいても，視覚的に情報を得ることや周囲の声かけなどで，どう動くのかを理解できることもあるので，サポートは最小限にし，見守るようにします。）一連の活動の流れが理解できたら，

- 言葉だけで集まる（カードは人には見せない）
- カードは見ても見せてもよいが，話さずに集まる
- 自分はカードを見ずに（頭の上に掲げて）集まる
- カードを見せず，かつ，話をせずに，動作だけで集まる

など，集まる際の条件を変えることによって，課題解決の活動にもなっていきます。そこで起こる助け合いや協力の様子を取り上げ，フィードバックしていくことで，子どもたちの仲間意識を高めるきっかけにしていきます。

● 応用編

〈その1〉 なかまとならぼう！

　トランプの「同じ形で集まる」とすると，人数が増えるため，難易度が上がります。さらに，「同じ形で集まり，数字の小さい（大きい）順に並んでから，座る」「〇秒以内に全員が座る」という条件にすると，楽しみながら，集合や整列の練習，課題解決の活動にもなります。並び方は，縦でも横でも，四角形の各辺でも OK です。先生を基準に十字形にすることもできます。はじめのうちは先頭の位置を決めておくと，混乱が少なく，スムーズです。全員が並べたら，「できた」とみんなで言って座ります。

〈その２〉なかまであつまれ！（ナンジャモンジャバージョン）

　語彙が増え，身体表現が豊かになることで，トランプの代わりに「ナンジャモンジャカード」（すごろくや）を使って，レベルアップした仲間集まりの活動をすることができます。

⭐ レクの流れ

レク

❶ トランプを見ないように，見えないようにして，１人１枚受け取りましょう。

❷「スタート」の合図で，カードを裏返して，同じ数字の人を見つけましょう。仲間が全員そろったら，その場に座ります。

❸ 集まった仲間で，自分の呼んでもらいたい名前を言いましょう。

　自分で呼んでもらいたい名前を自己決定することによって，自他を大切にする機会にもなります。また，学校の方針で「苗字」さんづけで呼ぶのであれば，きまりとして確認する場にします。

❹ 次は，好きな食べ物（好きなスポーツ・遊び，小学校で楽しみにしていることなど）に自分の呼ばれたい名前を付け加えて，話をしましょう。（例：「ハンバーグが好きな○○です」）

❺ カードを裏返しに持って立ち上がります。５人以上の人と交換しましょう。

❻ 次は，カードを見せないようにして，言葉だけで同じ仲間と集まりましょう。（集まるための条件を変えて，❶〜❺を繰り返す）

❼ 全員がそろって，何秒で座れるか挑戦してみましょう。

学級づくりのポイント

授業づくりのポイント

学級づくりのポイント

4月

当番活動・係活動

新居　逸郎

⭐ そもそも，当番活動と係活動の違いは何？

　学期のはじめにつくる当番や係。似ているように感じる二つの活動ですが，当番と係で性質に違いがあります。1年生の1学期から当番と係を分ける必要はありませんが，二つの違いを教師が理解しておくと，2学期以降に当番と係を分けるときに役立ちます。

- 当番活動…ないとみんなが困るもの
- 係活動……あるとみんなが楽しいもの

と考えておくと，わかりやすいでしょう。

　当番活動と係活動に違いはありますが，最も大切なことは活動を通して，誰かに感謝されたり，喜んでもらったりして「人の役に立つ喜び」を子どもたちに味わわせてあげることです。

⭐ まずは，お仕事見つけから！

　1年生の1学期は学級にあるお仕事見つけからでよいです。低学年の児童には先生のお手伝いをしたい子がたくさんいます。「黒板を消すのを手伝うよ」「お手紙は私が取ってくるよ」など自分から積極的にやってくれる子もいるでしょう。子どもたちに任せられる仕事は任せて，「あなたが手伝ってくれたから，みんなが過ごしやすくなったよ」と伝えてあげてください。そうすることで，学級にある他の仕事も見つけて自ら行動してくれます。このようにして子どもたちの自尊感情と意欲を高めながら，学級にあるお仕事を見つけていきましょう。

⭐ 一人一役

　お仕事見つけをしていくと子どもたちは，学級にはたくさんの仕事があると気づきます。そして，その仕事は，誰か一人がやるよりもみんなで分担する方がよいことも子どもたちはわか

りHANGます。そこで，一人ずつがクラスのための仕事を担当するようにします。また，子どもたちが気づいていない仕事があれば，教師が助言しながら導いてあげることも大切です。教師は事前にクラスの子どもたち全員が担当できるくらいの数の仕事を見つけておくとよいでしょう。

例えばこんなお仕事が…

板書消し	手紙ポストからの手紙取り	配り物配付
花の水やり	魚のえさやり	黒板に日付記入
黒板に日直記入	窓の開閉	学級文庫整理
落とし物返し	給食「いただきます」担当	給食「ごちそうさま」担当
ごみ箱のごみ捨て	黒板消しクリーナー清掃	給食メニューお知らせ
机の整理整頓	整列の声かけ	掃除用具箱チェック

　一人一役を始めると，一人だと不便なことや友達と協力した方がよいことに気づきます。この気づきを当番活動や係活動につなげましょう。

⭐ 仕事を忘れてしまう子，働かない子も…

　1年生の発達段階を考えると，仕事を忘れてしまう子や自分のやりたいことを優先して働かないという子もいるかもしれません。そういう子に対してきちんと指導を入れることも大切ですが，もっと大切なのは，その子がやらなかった仕事を「カバーしてくれた子」の存在です。やらないことを厳しく叱るよりも，しっかりとやっている子たちを称賛する方が効果的です。「〇〇さんがやらなかった」と伝えるよりも「〇〇さんがしてくれた」と称賛することで，助け合うことやみんなのために働くことのよさを味わわせてあげたいです。

　また，やらなかった子が悪者になるような言い方には注意が必要です。仕事をしない子に対しては，「どんな仕事ならできそうか」「どのくらいだったらできそうか」など，問いかけ，時には助言しながら自分にできそうなことを考えさせていくことも重要です。焦ることはありません。どの子にも必ず褒められるタイミングがあります。そのタイミングを見逃さずに称賛することで，「クラスのために，自分は役に立っている」と感じさせてあげましょう。

　子どもたちの働きに対して教師が称賛を積み重ねることで，子どもたちは誰かの役に立つ喜びを感じるとともに責任感をもって仕事をするようになります。そうすることで学級に規律やモラルが築かれていきます。

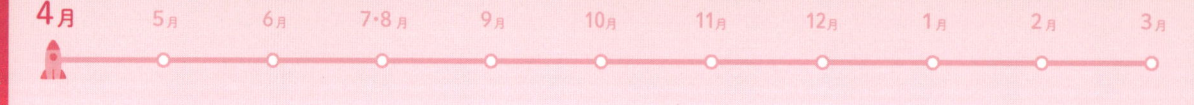
4月 タブレットの指導

若村　健一

⭐ 習うより慣れる

　子どもたちは，タブレット端末を実際に触りながら，基本的な操作をはじめ様々なことを直感的に習得していきます。口頭で細かいことを伝えるだけでなく，実際に様々な機能を試すことができるようにしながら操作方法等について習得することができるようにするとよいでしょう。

　とはいえ，タブレットへのログインの仕方については多くの問題が起きることが予想され，はじめは丁寧な指導が必要になります。例えば，ログインする際のパスワードは何にするか，入力方法はどうするのかなど様々な問題が起きることが考えられます。そのため，各校のICT支援員に入ってもらったり，保護者のボランティアに協力を仰いだりするなど，複数で指導に当たることができる体制を整えることが大切です。

⭐ メインのソフトを中心に使い方を学ぶ

　タブレットの指導を行う際に，カメラの使い方，タッチペンの使い方，入力の方法など様々な機能について，一つ一つ分けて学ぶと効率が悪く，時間だけを多く費やすことになります。そこでおすすめなのは，メインとなるソフトを中心に，ソフトに搭載されている機能を使いながら総合的に学んでいくことです。例えば，ロイロノートを使用しているのであれば，実際にロイロノートを起動し，カメラで何か写真を撮って，共有の仕方もあわせて学びながらカメラの使い方を学んでいくことができるでしょう。また，お絵描き機能を使用してタッチペンで実際に何かを描いてみる，一面をぬりつぶしてそれを消しゴムで消してみるなど，ソフトにある機能から基本的な操作について学んでいくことができるでしょう。このようにメインとなるソフトを中心に基本的な操作について学ぶことで，日常の教科等の学習においても活用しやすくなるでしょう。

⭐ 各教科等の学習でどんどん使う

基本的な操作を習得した後は，実際に各教科等の学習活動において積極的に使用していくことが大切です。各教科等の年間指導計画を確認しながら，どの場面で活用が図れるか，そこでどのような機能を使うとよいかなどを検討し，実際に使っていきましょう。

例えば，生活科の花を育てる学習の際には，育てている花の写真を撮り，その写真に直接気づいたことを書き込んだり，丸をつけたりして観察記録を作成することも可能です。また，その写真をクラウドに保存しておくことで，単元の最後に自分のお世話を振り返る際，時系列で成長の様子を振り返

ることができ，自分の成長にも気づきやすくなるなど，タブレットを活用することで各教科等の目標をより達成しやすくなるでしょう。

⭐ 情報モラル等の指導も忘れずに！

ネット社会には多くの利点や魅力がある反面，思わぬ危険もたくさんあります。たとえ1年生であっても，これからのネット社会において情報を安全で快適に利用し，責任をもって参加するための知恵やルールを学ぶことは必要不可欠です。そのため，情報モラルについての指導は継続的に必ず行うようにしましょう。

情報モラルについて指導する際には，インターネットを使うときに気をつけることについてただ子どもたちに伝えるだけでなく，子どもたちと一緒にどのようなことが問題なのかを話し合いながら，板書等を使って整理していくことができるとよいでしょう。子どもたちからは出てこないと考えられる視点については，あらかじめ具体的な事例や動画資料等を用意しておき，それをもとに考えることができるとよいでしょう。

また，「あれはダメ」「これもダメ」という制限・禁止のみでなく，「何ができるのか」という前向きな視点でタブレット活用について子どもたちとともに考えていくことも，端末の活用を進めていくうえで大事な視点です。

4月　1学期の評価の方法

学級づくりのポイント

横田　典久

⭐ 1学期の1年生の評価について

　1学期の1年生について，よく尋ねられるのが，どのように評価すればよいのかということです。この時期の授業の内容は，幼児期の学びを生かすことができるように，具体的な活動や体験を取り入れた授業を中心にカリキュラムが構成されています。そのため，活動している子どもたちをどのように見取る（評価する）かが大切になります。その際の視点となるのが，幼児期の終わりまでに育ってほしい姿です。これは，何をどのように学んでいるのか見取る視点として活用することができます。教師は，授業や生活の中で，どんな姿を期待するのかを想定しておくことで，子どもたちの成長を見取りやすくなります。

> 〈幼児期の終わりまでに育ってほしい姿〉
> ①健康な心と体　②自立心　③協同性　④道徳性・規範意識の芽生え　⑤社会生活との関わり
> ⑥思考力の芽生え　⑦自然との関わり・生命尊重　⑧数量や図形，標識や文字などへの関心・感覚
> ⑨言葉による伝え合い　⑩豊かな感性と表現

　例えば，学校探検の学びを通して考えてみましょう。学校探検の活動を通して，思ったことや感じたことを友達と伝え合う活動を設定したとします。その中では，⑤⑨の姿が想定されます。「3階には，音楽室があったよ。たくさんの楽器があったから，今度使ってみたいな」のように，身近な物とのかかわりに気づき，自分の生活の中に生かそうとする姿や，見つけたことを友達と伝え合いながら楽しんでいる姿が考えられます。このように視点をもって，子どもを見取ることで，何をどのように学んでいるのか見取れるようにしていきましょう。

⭐ 子どもの学びのストーリーを見取る

　活動中心の子どもを見取るには，子どもの学びのストーリーを見取る必要があります。どんな思いや願いをもって活動しているのか，どんな学びが進行しているのか見ていきましょう。

4月　5月　6月　7・8月　9月　10月　11月　12月　1月　2月　3月

見る際に気をつけることは，活動中にいきなり声をかけないことです。少し離れたところから，その子が何を考え，何をしているのか理解することに努めましょう。その後，どんな声をかけるのか，そのまま声をかけずに見守るのか，または，別の支援を行うのかなどを判断していくことで，子どもの学びがよりよくなるように支援していきましょう。

⭐ こまめな見取り・記録を

学習面・生活面における子どもたちの様子を日常的に見取り，書き留めておくことが大切です。テストなど数値として見取れる評価もありますが，この時期の子どもたちについては，普段の様子を中心に記録を残していきましょう。

<table>
<tr><td>

〈学習面〉
- 発言内容や活動の様子を記録する。
- プリントやノート等での学習理解状況を確認する。
- 授業内で表現されたもの（文，絵，カード等）を評価する。

</td><td>

〈生活面〉
- 普段の生活の言動を記録する。
- 友人関係を観察する。
- 日直や当番活動での様子を見取る。
- よかったポイント，改善ポイントを記録する。

</td></tr>
</table>

記録したことは，通知表や個人面談の際に活用することができます。普段から子どもの姿を見取っていれば，子どものよさや課題などを具体的に保護者に伝えることができます。

〈通知表例〉

　いつも元気よく挨拶してくれる○○さんは，教室全体の活気を高めてくれる存在です。生活科の学校探検では，音楽室に楽器がたくさんあることをわかりやすく友達に伝えたり，わかったことを探検カードに一生懸命にかいたりすることができました。

⭐ 1学期の子どもたちを見取りやすくするために

子どもたちの評価をより円滑に行えるようにするために，職員間で子どもの姿について語り合うことが大切です。互いにどのように子どもを見取っているのか，語り合うことで，子どものよさを多面的に理解することができます。また，子どもの姿や指導の在り方について気がついたことを園の教職員と話し合う機会を設けられるとよいです。園での様子と比較しながら子どもの状況を把握したり，成長を実感したりすることができます。

【参考文献】
- 文部科学省国立教育政策研究所教育課程研究センター編著『発達や学びをつなぐスタートカリキュラム』学事出版

学級づくりのポイント

授業づくりのポイント

4月	5月	6月	7・8月	9月	10月	11月	12月	1月	2月	3月

4月

初めての保護者会

小原　広士

　初めての保護者会は，教師と保護者との信頼関係を築く重要な機会です。そのため，限られた時間を有効に活用し，工夫して進めることが大切です。以下のプログラムを参考に，保護者が安心感や信頼感をもてるように進行しましょう。

①担任の挨拶（自己紹介を含む）
②保護者同士のつながりを生むアイスブレイク
③学年・学級経営の方針の説明
④保護者へのお願い

★ 担任の挨拶

　保護者会は担任の挨拶から始まります。「初頭効果」という心理的な現象で，最初の印象は長く残ります。特に1年生の担任は，保護者との連携が重要ですので，よいスタートを切るために，以下の点を心がけて挨拶をしましょう。

❶ 明るい表情

　明るく笑顔で話すことで，温かい雰囲気をつくりだせます。

❷ ゆっくりと落ち着いた声で話す

　緊張して早口にならないよう，ゆっくりと話しましょう。落ち着いた声で話すことで，保護者に真剣さが伝わります。

❸ 目を見て話す

　保護者一人一人と目を合わせることで，誠意が伝わります。

⭐ 担任の自己紹介

　人は，自分と共通点がある人に親しみを感じます。「自分と同じ」と感じることで，心の距離が近くなるからです。これを「類似性の法則」といいます。保護者に親しみをもってもらうために，最初の自己紹介で，以下のような内容を含めるとよいでしょう。

- 家族やペットについて
- 好きな食べ物や苦手な食べ物
- 趣味や最近ハマっていること

⭐ 保護者同士のつながりを生むアイスブレイク

　初めての保護者会では，保護者同士がまだ顔を合わせたことがない場合が多く，不安を感じている方がいます。保護者同士のつながりが生まれると，安心感が得られ，日常の悩みや情報を共有しやすくなります。そのため，保護者同士が親しくなれるような活動を設定することが有効です。時間が限られているため，4〜6人程度のグループに分けて，保護者同士の自己紹介やサイコロトークなど，短時間でできる活動を取り入れるとよいでしょう。

⭐ 学年・学級経営の方針の説明

　学年・学級経営の方針は，一年間を通じた教育の方向性を示すものです。これをしっかり伝えることで，保護者からの信頼を得ることができます。学校教育目標や学年目標との関連を説明し，自分が特に重視したい点についても述べるとよいでしょう。また，事前に管理職や同じ学年の先生と方針を確認・統一することも重要です。

⭐ 保護者へのお願い

　初めての保護者会では，保護者に「毎日の持ち物をお子さんと一緒に確認してください」「連絡帳を毎日チェックし，必要事項を記入してください」といったことをお願いすることが一般的ですが，これらに加えて，「トラブルへの心構え」について伝えることも大切です。1年生の子どもたちは，成長の中でトラブルを経験しますが，これらは成長に欠かせないものです。そのため，事前にこうした説明を行うことで，トラブルが起きたときに保護者の対応がよりよいものになると期待できます。

【参考文献】
- 丸岡慎弥著『小学1年生がなぜか言うことをきいてしまう教師の言葉かけ』学陽書房

学級づくりのポイント

授業づくりのポイント

4月

信頼を築く保護者対応

笠原　成晃

⭐ 安心が信頼を生む

　1年生の4月。それは，子どもにとっても保護者にとっても新しい生活のスタートです。不安だったり，見通しがもてなかったりするのは，子どもも保護者も一緒です。そこで何より重要なことは，「この先生なら安心できる」と思ってもらえる対応をして信頼を築くことです。

　保護者に信頼してもらうための魔法のような方法はありません。保護者にきちんと向き合い，学校での子どもの姿や必要事項を丁寧に伝えていくことで少しずつ安心が生まれていきます。「何のために，何を，どうやって連絡するのか」を押さえたうえで連絡をしていきましょう。

　ここでは，さらに「1年生の保護者」という特質を踏まえて気をつけるべきポイントも紹介しますので，あわせて活用してください。

⭐ 園時代との情報量のギャップを埋める

　例えば，保護者が送り迎えをする園と自力登下校の小学校では，先生と保護者が顔を見てコミュニケーションをとる機会がまったく違います。そうでなくとも，毎日の連絡帳のやりとりやSNSを通じた子どもの画像・映像の配信など保護者が受け取る情報量が圧倒的に違います。そのため，「うちの子，学校のことあんまり話さなくて……」と学校での我が子の様子がわからず心配する保護者の方が一定数います。そこで私は4月，忙しくはありますが，できるだけ保護者の方に電話連絡することを心がけています。毎日5人ずつなどと計画して連絡をしていた年もありました。報告すべき事項がある場合はもちろんですが，ちょっとしたことでも連絡のチャンスと捉えて，連絡とともに「お家ではどうですか」とお家の人とお話をするきっかけをつくっていくとよいです。トラブルよりも子どものがんばっている姿を伝えたいので，文部科学省が示している「幼児期の終わりまでに育ってほしい姿」を活用しています。その日の姿を示されている10の姿で捉えてお伝えすると，子どものよさに目を向けつつ保護者とコミュニケーションをとることができます。

　次ページは，私が4月に保護者の方とよく話題にする内容です。

- 子どものがんばっていたエピソード
「もう自分で支度の仕方を覚えて，6年生の手を借りずにやってくれています」
「△△さんが○○小学校に入ってきてくれて，私は本当に毎日楽しいです」
- 出身園の先生から聞いたエピソード
「○○園の□□先生から聞いたんですが，幼稚園のとき△△をがんばっていたんですね」
「園長先生も，□□さんなら大丈夫って言ってくれていました」
- 生活の変化を気遣うときの話
「学校ではすごくはりきってくれて頼もしいんですが，お家で疲れている様子はありませんか」
「○○さん，すごく優しいからみんなに気を使いすぎていないか実は少しだけ気にしているんですが，私，心配しすぎですかね」
- 保護者の方への感謝やよさを伝える話
「○○さんのような保護者がいてくださると学校としても本当に心強いです」
「どうやったら，こんな素敵な子に育つのか，ぜひお話聞きたいです」

また，以下の内容はどの学年を担当していても意識しています。

- 迷ったら念のため連絡をする。　• 事実確認された内容をもとに連絡する。
- トラブルはできるだけ早いタイミングで保護者とも，校内でも共有する。
- 首から上のけが，腫れている，ずっと痛がるときはどんなに軽傷でも連絡を入れる。
　※家庭に合わせて細かいケガでもお伝えする場合もあります。
- トラブルになった相手がいる場合，連絡をする。
- 記録をとり，必要に応じて共有・保存をする。また，個人情報はきちんと管理する。
- 「毅然とした態度で接する」場面でも，物腰はやわらかにする。

⭐ 初めて学校に通わせる保護者にはしっかりとしたケアを

　私が1年生を初めて受け持った際に，当時の学年主任の先生に「長子の保護者の方には特に丁寧に説明するといいよ」とアドバイスをいただいたことをよく覚えています。上の学年に兄，姉のいる子の保護者は「小学校ってこんなところ」がわかっていますが，初めて小学校に子どもを通わせる保護者は見通しがもちにくかったり，どうしたらいいのかわからなかったりすることもあります。その不安や心配を取り除くことができれば，信頼が築かれやすくなります。

学級づくりのポイント

授業づくりのポイント

4月

こんなときにぴったり！
読み聞かせにおすすめの一冊

青木　大和

⭐ こんなときに…

　「友達を大切にしよう」「学級の約束事は守ろう」。教師がアドバイスをしても，友達の思いを想像することができなかったり，約束事を守ることがなぜ大切なのかを理解できなかったりする子どもの姿を目にすることがあります。また，読書の時間に読む本が見当たらずにふらふらと教室内を歩き回ったり，友達の読んでいる本が気になってしまったりする子もいます。落ち着いて読書ができず，周りの子どもにも影響を与えてしまうことがあります。

⭐ 指導の意図

　読み聞かせには，物語と実生活を比較して友達の気持ちを想像したり自分にできることを考えたりする効果や，「本（シリーズ）を読みたい」と読書への意欲を高める効果があります。このように，読み聞かせには様々な教育的効果が期待できますが，今回は以下の二つの効果に絞って，いくつかの絵本を紹介します。

❶ 学級で大切にしたいこと（友情，挑戦，認め合い，自愛など）を具体的に認識できる

　例えば，「友達は大切にしましょうね」と伝えるより「○○のお話では，（登場人物）は，どんなことをしていた？」などと問うことで，子どもが具体的に友達の気持ちや学級で大切にしたいことを想像することができます。また，学級でトラブルが起きた際にも，一方的に指導するのではなく読み聞かせを通して，今後どうしていけばよいのか考える材料となります。

❷ 学習経験と関連づけることで読書意欲を高められる

　生活科で育てているアサガオと関連づけて植物が成長する絵本，国語科で学習している繰り返しのあるお話や同じ作者の絵本などを読み聞かせすることで，目的意識をもって読書をすることができます。また，あえて最後まで読まずに，「続きが気になる人は，読んでみてくださいね」や「この後どうなるでしょう」などと伝え，読書のきっかけをつくることができます。

⭐ おすすめの絵本

〈❶の視点より〉

『たまごにいちゃん』（あきやまただし 作・絵／鈴木出版）

　孵化したのになかなか卵から出られない主人公の気持ちの変化を通して，小学校に進学した心境と比較し，これからの学校生活への期待と自分たちの成長を考えることにつながる物語です。

『いいからいいから』（長谷川義史 作／絵本館）

　友達の行動が気になってしまい，注意の口調が強い子どもや，失敗を恐れてなかなかチャレンジできない子どもに効果的な絵本です。どんなことが起きても「いいから，いいから」と穏やかに過ごすおじいさんの姿から，居心地のよいクラスを考えられる物語です。一生懸命取り組んだもののうまくできなかった友達への接し方も考えられます。

『みえるとか みえないとか』（ヨシタケシンスケ さく，伊藤亜紗 そうだん／アリス館）

　「当たり前だよ！」「普通は……」などと，自分の価値観が基準となって物事を決めつけてしまう子どもに効果的な絵本です。主人公が様々な星に行き，それぞれの星で出会った登場人物の「普通」に触れることで価値観が広がっていく物語です。

〈❷の視点より〉

『あさがお』（荒井真紀 文・絵／金の星社）

　生活科で育てているアサガオと関連づけて読める物語です。土の中で芽が出る前の種の様子など，観察しただけではわからない様子がイラストを交えて説明されています。また，説明の順序性を捉えることにも役立ちます。

『3びきのかわいいオオカミ』

（ユージーン・トリビザス 文，ヘレン・オクセンバリー 絵，こだまともこ 訳／冨山房）

　多くの子どもが知っている「三匹のこぶた」の立場が逆転した物語です。視点を変えると物語の見方が変わることに気がつくことができます。「三匹のこぶた」と続けて読むとより実感することができるかもしれません。

「なくしたボタン」（アーノルド・ローベル 作，三木卓 訳『ふたりはともだち』より／文化出版局）

　「おてがみ」が掲載されている『ふたりはともだち』のお話の一つです。様々な登場人物ががまくんのボタンを探してくれる繰り返しのある物語で，次はどんな登場人物がどんなボタンを見つけてくるのかわくわくします。また，がまくんの様子から友達の在り方も考えられます。

『おかえし』（村山桂子 作，織茂恭子 絵／福音館書店）

　タヌキとキツネの奥さんが互いにお返しをし合って，最終的に家までプレゼントをしてしまうという繰り返しのあるお話です。子どもたちは，次は何をプレゼントするのかなとわくわくしながら聞いていきます。

5月

今月の見通し

やるべきことを「やりなさい」と言わない指導

曽根　朋之

今月の見通し

学校行事	**家庭との連携**
● 運動会やスポーツフェスタ （徒競走，学年種目，学年表現）	● 授業参観（保護者会）
	● GW明けの子どもたちの様子の共有
● 体力テスト	● 家庭学習
	● 家庭訪問
学年・学級	
● 遠足（校外学習の指導）	**他**
● 当番活動や係活動	● 教室の安全点検
● 家庭学習（宿題）の取り組み	● 家庭訪問の計画表及びルート作成
● 栽培活動（生活科）	● 登下校の指導（見守り）

　5月に入ると，学年・学級の動きが少しずつ軌道にのり，子どもも大人も慣れてくるころです。慣れてくると，当番活動や宿題などに取り組む必要性を感じていない場合，取り組みが続かなくなることがあります。また，教師側も学校行事が忙しいと指導が曖昧になってしまうことが考えられます。こういった「慣れ」や「忙しさ」から，集団での生活がうまくいかなくなることがあります。5月はやるべきことを「やりなさい」と言わない指導を考えて，「慣れ」と「忙しさ」を乗り越えましょう。

⭐ 「理想の当番活動」を見通した給食当番

　給食当番や掃除当番のような当番活動は，係活動とは違い学校生活の中でなくてはならない活動です。だからといって，教師が指定した役割分担を遂行することだけが「理想の当番活動」ではありません。例えば，複数の大人で給食の配膳を行うとき，ご飯をよそう人がいなけ

ればそこを担当したり，汁物の配膳が遅ければフォローしたりして，様子を見てスムーズに進める分担をその場で考えるはずです。しかし，大人でも回数を重ねると，やる人とやらない人が出てきます。このような不公平を感じたときに当番というシステムが必要になります。それぞれが判断し柔軟に行動することが最もスムーズだという前提のうえで，自分たちに合った分担を考えていくことが「理想の当番活動」だといえます。

　１年生の給食の時間は，とにかく混沌とした状態になります。「理想の当番活動」をイメージしておいたうえで，以下の方法で実態に合わせて給食のシステムを調整するとよいです。

- すべての役割を明確に指示する
  役割が明確なので平等なシステムです。しかし，イレギュラーな配膳方法や，欠席などで給食当番の人数が合わなかったりすると，その都度教師の指示が必要になります。
- 給食準備が早くできた子からやりたい給食当番を行う
  早く給食準備を行えるシステムです。「やれない人や，やらない人がいる」などの問題意識が出たところで，平等に行う話し合いへとつなげることもできます。
- ６〜８人程度の給食当番だけ決めて，何をやるかはそのときに決める
  ６〜８人のメンバーと献立を見て，子どもたちが役割を決めていきます。「いつも同じ役割をする子が出てくる」などの問題意識が出たところで，役割分担を考える話し合いへとつなげることもできます。

⭐ 正しく持つと "得" を感じる鉛筆の持ち方指導

　鉛筆の正しい持ち方は，国語や書写の教科書に書いてありますが，大人でさえも正しい持ち方で書いていない人を目にします。おそらく，正しい持ち方よりも慣れている持ち方の方が楽に上手に書けると思っていることが，大きな理由でしょう。そこで，正しい持ち方だと「うまく書けるようになる」「疲れないで書ける」という "得" を感じさせる必要があります。

　具体的な方法として正しい持ち方だけでなく，間違いやすい持ち方も紹介し，いろいろな持ち方を試す時間をとります。いろいろな持ち方で同じ字を書いてみると，字のきれいさや筆圧に違いが出てくることを体感できます。他にも１分間同じ字を書き続けて，疲れないで安定する方法はどれかを試してみるのもよいです。正しく持てない子をある程度許容しつつ，子どもたちが正しく持つことで "得" を感じる経験を増やして持ち方を定着させましょう。

【参考文献】
- 押木秀樹・近藤聖子・橋本愛「望ましい筆記具の持ち方とその合理性および検証方法について」『書写書道教育研究』2002

| 4月 | 5月 | 6月 | 7・8月 | 9月 | 10月 | 11月 | 12月 | 1月 | 2月 | 3月 |

5月

1学期に大切にしたい生活指導

長田　柊香

学級づくりのポイント

⭐ スタートが肝心！学級の当たり前に

　幼稚園・保育所・認定こども園とは異なり，小学校では時間で区切られた生活が始まります。また，片づけや授業の準備など，自分でやらなければいけない場面も増えてくるでしょう。このような変化に子どもたちがなじめるように，共通の土台となる「生活指導」が重要になってきます。1学期のはじめに習慣づけることができれば，その後の生活においても当たり前のこととして継続できるはずです。このページでは，生活指導をする際に心がけたいポイントと，具体的にどのような生活指導が入学したての子どもたちに必要なのか，いくつか例を挙げてお伝えしていきたいと思います。

⭐ 生活指導をする際に心がけたいこと

❶ どんな学級にしたいのかを考える

　生活指導というと，整理整頓の仕方や挙手の仕方，廊下での並び方などが挙げられると思います。これらのことをきまりとして伝えることも必要かもしれませんが，子どもたちに「なぜそのきまりが必要か」を伝えたり，時には子どもたち自身に考えさせたりすることが大切だと考えます。それは，私自身が「子どもたちと学級をつくっていくこと」を目指しているからです。先生自身の目指したい学級像をもつことで，どのように子どもたちに生活指導をしていくのか，その方向性も見えてくるかもしれません。

❷ 幼稚園・保育所・認定こども園でのきまりを出し合ってみる

　時間の使い方や内容が異なるとはいえ，園においてもいくつかのきまりはあったことでしょう。それらを子どもたちに聞いて出し合うことで，多くの園に共通するきまりが見えてくるかもしれません。そのようなものには，きっと理由があるはずです。例えば「廊下を走らない」というきまりがどの園にもあったとしたら，「どうしてどの園でも同じなのかな」と尋ねます。すると「ぶつかったらケガをして危ないから」など，そのきまりがある理由に気づくことがで

きます。このように考えていくことで，きまりには理由があって，守ることで自分たちが気持ちよく生活できることに気づくことができるでしょう。

１学期のはじめに行いたい具体的な生活指導

では，具体的にどのようなことを心がけていくとよいのでしょうか。私が経験してきた中で，特に大切だと感じたことを二つ挙げます。

❶ 教室をきれいにする

教室が乱れているときに学級が落ち着いていることはないといっていいほど，教室環境と子どもたちの生活態度には関連性があるように思います。子どもたちに整理整頓の習慣をつけるとともに，先生自身も教卓の整理を心がけたり，ごみが落ちていたら拾ったりして，きれいな教室を保つ工夫をしていくとよいでしょう。

❷ 他者を大切にする

学級をつくっていくうえで根幹となる部分です。暴力や言葉で相手を傷つけないことはもちろん，話の聴き方（あえて１年生の子どもたちに「聞く」と「聴く」の違いを説明することもあります）においても，相手を大切にすることができると伝えています。しっかり聴いている子には「ありがとう，すごくうれしいよ」などと伝えることで，子どもたちの中に他者を大切にする気持ちが育まれていくでしょう。

□目指したい学級像をもとに，生活指導の方向性を考える
　「どこまで指導したらいいんだろう」と悩むことは誰でもあると思います。そんなときは，自分が目指したい学級像に立ち返ることで，判断しやすくなるでしょう。
□ルールではなく，学級の文化にしていく
　様々なきまりができてくると思いますが，それらを守ることで自分たちがより楽しく過ごせるという実感を子どもたちがもてることが大切です。

5月

学級づくりに一役！5月の遠足

関根　愛弓

⭐ 入学してすぐの遠足は，学級が仲良くなるチャンス！

　5月に遠足がある場合，入学してすぐなので気になることがたくさんあります。ですが，小学校に入ってから最初の大きめの行事になります。安全で楽しい時間が過ごせることを念頭に置いて準備をしましょう。

⭐ 安全指導はしっかりと！

　安全に行って帰ってくることは当たり前ですが何より一番大切なことです。安全指導はしっかりと行いましょう。徒歩・公共交通機関・貸し切りバスが選択肢になる学校が多いと思います。それぞれに合わせた安全指導を行いましょう。地域によっては警察などが交通安全教室を開いてくれます。遠足前に交通安全教室を申し込んで体験しておくのもよいと思います。

　担任が行う場合は，映像資料などを交えて指導をするとより効果的です。個人下校の学校の場合はゴールデンウィーク明けから個人下校になるところもあると思います。個人下校の前に1回，遠足前に1回，指導時間を設けておくと短期間に2回できるので子どももより意識して行動できます。

　特に注意するのは横断歩道の渡り方と，待ち方です。歩道は1列や2列ですが，横断歩道の前では3列や4列になります。交通量の多いところだと，並び方がわからずに列が切れてしまったりするので事前に練習をしておきます。また，もし横断歩道で全員が渡りきれなかったときはどうするのかも指導しておきましょう。

⭐ アレルギー調査をしっかりと！

　交通安全以外にも，アレルギー調査もしっかり行いましょう。給食で食物アレルギーを把握していると思いますが，草花，動物も必要です。入学時に確認していない場合は，必ず保護者に確認し，把握しておきましょう。下見に行った際，花壇などにどのような植物があるかも把

握し，パンフレットなどがある場合はもらっておくと安心です。養護教諭や学年で共有し，お弁当の時間も見回りを兼ねて気にかけて様子を見るようにしましょう。

⭐ 学級遊びの時間を，学級づくりに生かそう

　学級遊びの時間を取り入れられる行程なら，学級遊びの時間を取り入れましょう。広い場所で天気のいい日に気持ちよく遊べたら最高の思い出になりますね。

● 初めての学級会の議題になる

　学級会については次のページに詳しく載っているので，参考にして話し合い活動を進めてください。遠足は，子どもたちが楽しみにしている，みんなで出かけて楽しい時間を過ごすことができる環境がそろっています。子どもが決めたことは叶えてあげましょう。そのためにも，行った場所のルール（例えばボール禁止）はよく確認をしてから，議題に挙げていきましょう。

> □学級の雰囲気づくりのチャンス
> 　GW 明けに，学級のみんなで楽しい時間を過ごすいいチャンスです！　学校はこんな楽しいことがあるんだな，とか，遠足があるから学校に行こう！と思うきっかけづくりにしましょう。
> □とにもかくにも　安全第一！
> 　交通安全・食物アレルギー・動物や植物アレルギーの事前把握をしましょう。
> □下見の際は
> 　トイレの位置・子どもが実際に移動するルート・交通量の確認などをしましょう。

学級づくりのポイント

授業づくりのポイント

5月

学級会のススメ①

新居　逸郎

⭐ 学級会の一連の流れ

　学級会では、「みんなのことを、みんなで決めて、みんなでできた！　またやりたい！」と感じさせてあげることが大切です。最初からすべてがうまくはいきません。多くを求めるのではなく、実践を積み重ねることが何よりも重要です。

〈学級会の一連の流れ〉

①議題を提案する

②議題を決める

③話し合いの準備をする

④学級会で話し合い、やることを決める

⑤決めたことを実践する

⑥振り返り

⭐ 学級会での役割分担

　学級会は、司会2名、黒板記録2名、ノート記録1名が司会グループになり話し合いを進めます。1年生のはじめは教師がすべての役割を行います。経験を重ねるにつれて、子どもたちに役割を任せていきましょう。賛成・反対の磁石を貼る係、意見を言う人を当てる係など、やることを任せていきながら、少しずつ子どもたちが自分たちで話し合うことができるようにします。もちろん、子どもたちが困ったときには教師は指導や助言をします。大切なのは、「みんなのことを、みんなで決めて、みんなでできた！　またやりたい！」と子どもたちが思えることです。

第1回学級会のモデルメニュー

子どもたちは学級会を通して，人間関係形成を学びます。「みんなもよくて　自分もよい」が学級会の合言葉です。1年生のはじめは「20分話し合い，20分実践，5分振り返り」で行い，1時間の中で学級会の一連の流れを行い経験を積ませましょう。

第1回学級会　モデルメニュー
・議題　「1ねん　○くみ　よろしくねかい　をしよう」
・提案理由　「1年○組が始まって，○週間がたちました。楽しく過ごしているけれど，まだ話したことがない人たちもいます。なので，みんなで遊んで，もっと仲良くなってほしいと思い，提案しました」
・話し合うこと　「みんなで楽しめる遊びを決めよう」
・決まっていること
　時間は20分間　この後すぐに教室でできる遊び　遊びは一つ

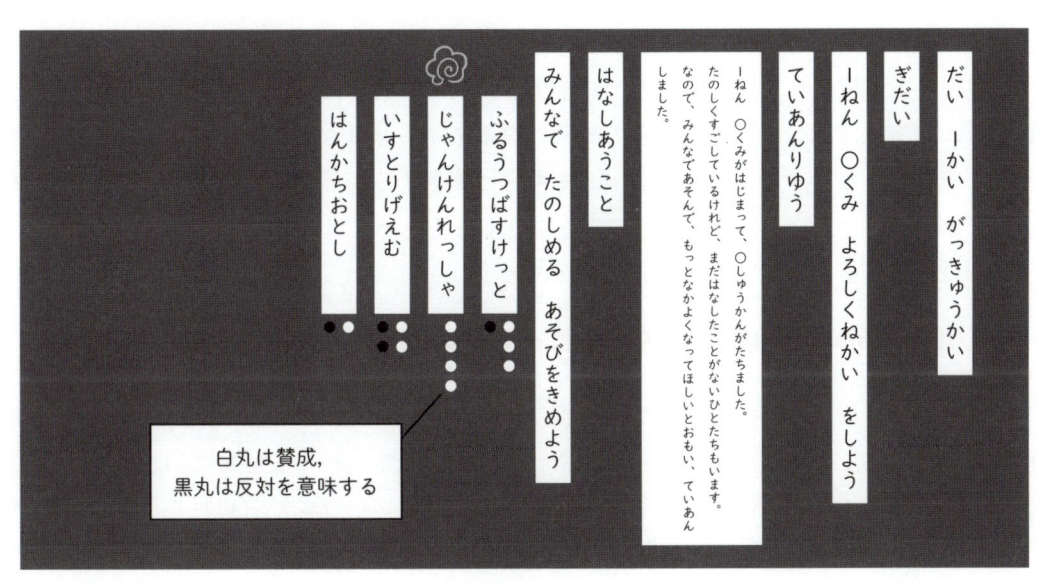

板書例

1年生の最初では，子どもたちはどんな議題を出していいかも知りません。なので，最初の学級会は教師から提案してもよいのです。0から1は生まれません。学級活動は，「なすことによって学ぶ」が方法原理です。失敗はありません！　経験して学んだことを次の活動や日常生活に生かしましょう。

5月

運動会①
団体競技と徒競走指導のポイント

関根　愛弓

⭐ 事前準備が肝心！短い練習時間で団体競技と徒競走

　学年に割り当てられた練習時間のうち，団体競技と徒競走の時間はごくわずかです。できれば2か月前には学年で相談して内容まで決まっていると安心です。5月に運動会がある場合は，4月の学年の話し合いのときに自分が担当する種目を決めておきます。また，学年に割り当てられている運動会の練習時間のうち，団体競技や徒競走にどのくらい時間を使えるかを決め，1時間の練習配分の計画を立てておきましょう。特にその競技を初めて担当する場合は，道具・配置図・入退場の方法などを決めておきます。実際に校庭に行ってイメージ通りに子どもが動けるか学年で確認してから1回目の練習に臨みます。教師が迷うと，子どもも困ってしまうという悪循環になりかねません。学年の先生方に相談する時間をとって，ある程度のイメージを自分の頭の中に思い浮かべてから練習を開始しましょう。

⭐ 団体戦だからこそ「自分たちがルールを守る」大切さを

　1年生の定番は玉入れが多いですが，学校によって特色があります。まずは，前年度1年生を担任していた先生や体育主任に内容を確認し，競技方法やルールを決めていきます。

　また，道具があるか，道具の数はそろっているか，壊れていないか（壊れそうではないか），児童数に合った数が用意できるかをまずリサーチしましょう。学校によっては運動会予算で購入できる可能性があります。早めに確認をして準備をしておきましょう。

　ここまでできてから，練習を開始します。練習の最初は，必ずルールを伝えましょう。ただし，どんなに多くても三つまでです。たくさんあればあるほどつまらなくなってしまい，運動を楽しむという目的から離れてしまいます。伝えるときの文末もプラスの内容になるよう心がけます。あくまでも子どもたちが楽しく競技に参加するためのルールとして示しましょう。ルールは学年の掲示板などに掲示して，運動会練習期間中は目に触れられるようにすると，より意識することができます。

まっすぐ最後まで走りきる！1年生の徒競走

　徒競走の走る順番は何で決まるのかを確認します。学校によっては5月の段階で50m走のタイム順，背の順，男女混合，男女別などのきまりがあります。5月に運動会がある場合，1年生だけわかりやすいように配慮されていることもあります。

❶ 走る順番はとにかく早めに決める

　まずは，50mを全員で走りましょう。そのときに，運動会と同じ向きで，1レースが同じ人数になるように走りましょう。確認するところは，目標物なしでも50mをまっすぐ走れるかです。ゲーム感覚でコースを変えながら何度も走っていると，まっすぐ走れる子，曲がりやすい子がわかってきます。それをもとに，走る順番を早めに決めましょう。曲がりやすい子は，他の子とぶつからないようにコースの端にするのがおすすめです。

❷ 日常の整列に，50m走の順番を取り入れる

　子どもたちに自分のコースとレースを伝えるときは，室内をおすすめします。さあ走ろう！という環境よりも，静かなところで自分のスタート位置を覚えることが重要だからです。また，1回では覚えられないので日常生活に順番を取り入れます。私は一斉下校の場合，運動会時期は整列順を50m走順にして廊下に並ばせてから玄関に向かうようにしていました。他にも，運動会練習に向かうときなど絶対にこの並び方でないといけないというとき以外は，50m走順にしていました。

❸ 走る練習は少しだけ，短い距離で短時間で練習を

　1年生は自分のコースをまっすぐ走りきることが目標です。特に5月開催の場合は，まっすぐ走れれば100点です。最初はゴール地点の5mくらい前からゴールに向かって走ることから始めて，少しずつ距離を延ばしていきましょう。そのときに，目標地点まで走る，学校によっては駆け抜けた後もう一度ゴール地点まで戻る等の審判のきまりがあると思います。それに従ってゴールの練習をしていきましょう。1時間徒競走練習ではなく，表現練習の最後の5分などで何度か行うことをおすすめします。

> □団体競技：ルールはプラス思考で意識できる文末表現に。道具の確認，動線の確認が重要です！
> □徒　競　走：日常に走る順番で並ぶことを取り入れましょう。
> □当日は…：競技前に，子どもたちが笑顔になる一言を伝えて送り出しましょう！

5月

学級づくりのポイント

運動会②

目指せ！かっこかわいい
1年生の表現指導のポイント

関根　愛弓

★ 曲探しからスタート！歌いやすい曲を

　運動会といえば，表現種目に多くの時間を費やして練習をしますよね。私自身1年生だった
ときにポンポンを持って踊った曲（ジンギスカンでした）を今でも少し踊れます。それだけ，
時間を費やして練習するということです。ですので，1年生担任と決まった時点で，曲探しを
始めましょう。5月中旬開催の場合，4月後半から特別練習が入ってきますが，特別練習の時
間よりも少し早めに練習する学校が多いと思います。流行している曲，すでに踊りがついてい
る曲など，SNS，テレビなどをチェックして探しましょう。そのときに注意するのは4拍の曲
を探すということです。変拍子の曲は指導する際にカウントをとりにくいからです。日本の曲
はほとんどが4拍で成り立っているので意識しませんが，曲探しのときは，歌詞を見ながら
1・2・3・4とカウントをして最後まで確認してください。メロディーの移り変わりのとき
に3拍の場合があります。

　また，歌いやすい曲というのも重要です。口ずさむ中で歌を覚え，踊りを覚えていきます。
例えば帰りの会の支度の時間，朝の会の歌などで音楽を使用するときはたくさんあります。そ
のときにさりげなく流しておいて曲を覚えていく機会を設けましょう。

★ 手に持つものや服装で，華やかに

　子どもたちは体が小さいので，手に持つもので体や動きを大きく見せることができます。手
に持つものはいろいろありますが，頑丈なものを選びましょう。大切に扱うように指導をして
も，そこはまだ1年生なのでふいに壊れてしまうことがあります。ポンポン，小さめの旗，は
っぴ，帽子など学年の雰囲気に合ったものを選びましょう。色がそろっているのもきれいです
し，自分の好きな色を選ぶ場合も子どもたちは一生懸命選んで決めます。また，手に持つもの
を左右別々の色にすると，左右の判別が難しい子がいるときに色が一つのヒントになって判別
しやすくなります。私は右の色を学年で統一して，左を好きな色にするなどして工夫しました。

⭐ 腕を使って大きく魅せる＆立ち位置を変更して変化をつける

道具も大切ですが，やはり一番は動きです。大きくかっこよく見せる，１年生らしいかわいさを見せるのも動き一つで変わってきます。大きく見せるには，腕や足を大きく伸ばして「思いっきり」動くことで見せることができます。イラストのように，高低差を出す，左右広げて大小をつける動きを組み合わせながら動きをつくっていきましょう。

❶ 隊形移動は保護者の位置を意識する

自分の子どもががんばっている姿をできれば近くで見られると保護者としてはうれしいですよね。隊形移動をするときは，その子の位置が動いてもあまり遠くに行かないようにします。校庭を大きく四つのエリアに分けて，その中で１列，円，トラックに沿った円などにしてできるだけ一つのエリア内にいられるようにします。

❷ 自分の立ち位置がわからない子のために目印をつける

どうしても自分の位置がわからない子はいます。その場合，できるだけ早めに目印をつけましょう。位置がわからないことで焦ってしまう場面をつくるより，安心して表現練習ができる環境をつくりましょう。

□歌って楽しい音楽を選ぶ

　親しみやすく，カウントがとりやすいものにしましょう。

□手に取ったときに特別感がある道具を選ぶ

　華やかに見えるものを選びましょう。

□鑑賞しやすい隊形移動にする

　保護者にお子さんをしっかり見てもらえるように，隊形が変わっても大まかなエリアは

　できるだけスタート時のままになるようにしましょう。

5月

初めての授業参観

笠原　成晃

　初めての授業参観で保護者の方が見たいのは我が子のがんばる姿です。子どもたちのがんばる姿を見せることを通して先生が目指すものを伝えることができれば理想です。一方で，保護者が心配になるのは，子どもの姿勢のことや整理整頓，教室の環境，先生のちょっとしたミスです。今回は，教科書（光村図書）を活用した国語の授業を例に，初めての授業参観の基本の流れと気をつけたいポイントを紹介します。

★ 初めての授業参観　基本の流れ

　国語の授業をすることのメリットは三つあります。一つ目は，意見を発表する・字を書く・文章を音読する・話し合うなど様々な学習の場面を無理なく45分の中に組み込めることです。二つ目は，音読やひらがなの練習など家庭で宿題に取り組む際のヒントを伝えることができることです。三つ目は，見つけたものの発表など他の教科と関連させた指導もしやすいことです。
　基本の流れは以下の通りです。

---

①「がっこうたんけん」で見つけたものの交流……話し合い，発表
②「あさのおひさま」の振り付けを考えて音読……音読，発表
③ひらがなれんしゅう　　　　　　　　　　　　……書く

---

❶「がっこうたんけん」で見つけたものの交流
①あらかじめ見つけたものをＡ４サイズの紙に書いておく。
②「○○に××がありました（見つけた場所ともの）。△△と思いました（感想）」を発表する。
③発表した人が，次に発表する人を指名する。
　（その際に，「よく聞いてくれた人を次に呼んであげて」などの声かけをすると子どもたちの真剣味が増します）
　このような発表の仕方を授業参観の前から繰り返し取り入れておくことで，授業参観当日も

子どもが見通しをもって取り組めます。授業参観の開催時期によっては，紙ではなく ICT 機器を共有のツールとして活用することも考えられます。

❷「あさのおひさま」の振り付けを考えて音読

①教科書を持って姿勢を正し，音読を行う。
②「大きい声／小さい声で音読してみよう」などのバリエーションをつけて音読する。
③音読の内容に対して振り付けを考える。
④考えた振り付けを音読しながら発表する。

　音読の流れも授業参観前から慣れておくと子どもたちもいきいき活動できます。音読には教科書だけでなく絵本や詩なども活用できます。

❸ ひらがなれんしゅう

　ひらがなの練習も初めてやることでなく，いつもやっている流れを行うことで子どもも見通しをもって，力を発揮することができます。子どもたちが練習に集中している間に，保護者の方に家庭で取り組む際にお願いしたいことを伝えることもできます。

★ 授業参観　気をつけたいポイント

　様々な学級，子どもがいるので「こうすれば，必ずうまくいく」ということはありません。しかし，以下のことに気をつけないと保護者の方の不信感につながってしまうことがあります。

〈教師の言動〉

□服装：当然ですが状況に合わせた適切な服装で臨みましょう。

□板書：文字の大きさがバラバラでないか，貼り付けた掲示資料や囲みの線が曲がっていないかなど文字の美しさ以外にも気をつけましょう。

□言葉遣い・表情・気になる子への対応：いつも通りでかまいませんが，そのいつも通りが保護者に見せられるか日々見つめ直していきましょう。

〈教室環境〉

□掲示物：1年生では教師が手を入れる部分も多くなるので，剥がれ等がないように気をつけましょう。

□教室備品：掃除用具，配膳台など大人が管理するものは直接担任の印象につながるため，整理整頓しましょう。

学級づくりのポイント

授業づくりのポイント

5月 学級通信

前田　健太

⭐ なぜ通信を書くのか

　学級通信は，保護者の方に学校での子どもたちの様子や様々な教育活動の意図を伝えるためのものです。特に1年生の保護者は，小学校という新しい環境で子どもたちが楽しく過ごすことができているのか非常に不安を感じています。それなのに，保護者が学校を訪れ，子どもたちの様子を見ることができる機会は授業参観や学校行事などほんの数回です。そうなると，保護者は子どもたちの話を頼りに学校生活を想像することになります。そして，その話は子ども目線で話されます。そうすると，時に事実とは違ったことが保護者に伝わり，大きな誤解を生むこともあります。そういったことが続くと，家庭と学校の間で大きな溝ができる原因にもなります。

　そういう意味でも，担任がクラスの状況を学級通信を使って伝えることは非常に大事なことですし，それが大きな武器にもなります。1年生では特に保護者の協力をお願いしなければいけないことも非常に多いです。ですから，学級通信を使って，保護者の方と連携をとるようにしましょう。

⭐ どのようなことを書くのか

　学級通信は学校から家庭へのお手紙のようなものです。それが，ただ日々の連絡事項だけ書かれていてはもったいないです。連絡事項ならば，昨今はメール配信システムやICTを使って，必要なことだけ伝えればよいはずです。最も大切なことは，子どもたちの事実をもとに先生の教育観を伝えていくことだと思います。

　何かすばらしい行動があれば，それをなるべく読み手がイメージできるように書き，その価値を保護者に届けます。逆に何かトラブルがあれば，そういったときにそれを保護者としてどのように受け止めるとよいのかを伝えていくことです。

　保護者にICTなどを使って通信への感想を書いてもらい双方向の通信にするのも一つの手です。そうすることで相互理解がより深まることでしょう。

20●●年●月●日発行

Challenge

1年●組担任　前田　健太

気づく力→実行力

　右の写真を見てください。これは本日の給食後の牛乳パックの様子です。とてもきれいに片付けられています。もとから綺麗だったかというと、そういうわけではありません。Aくんが、みんなの牛乳パックを1つ1つ丁寧に折りたたんで、片付けてくれていたのです。そのおかげで後半の子はそれにならって綺麗に並べてくれました。

　そして、このようにAくんが動いてくれたのは、先週Bちゃんが左のように箸や牛乳パックを揃えているのをみんなに写真を見せて紹介したからです。つまり、仲間の行動を見て、自分もやろうと動いてくれたわけです。

　Cくんは、手を洗うとすぐに配膳台の準備と台拭きをしてくれました。そのことで、すぐに配膳をスタートすることができ、今日は6年生の補助がいないのに、過去最高の12時半には「いただきます」ができました。

　さらに、片付けでは、Dくんが重い重い食器を持ってかごをワゴンの下に片付けてくれました。Eくんは、ワゴンの棒をセットしてくれました。

　このように給食だけでも、多くの子がクラスのために動いてくれているのです。給食以外でも、提出してバラバラになっているひらがなプリントをFちゃんとGちゃんがきれいに整えてくれていました。

　これらの子ども達の行動は2つの点で素晴らしいなと思います。1つ目は、**気づく力**です。敏感にアンテナを張っているからこそ、そういうところに気が付きます。実はこれは学習においても大切です。そして、2つ目は**実行力**です。ここがとても大切だと思っています。箸や牛乳を置いている時に、「溢れてるな。」「ぐちゃぐちゃだな」と感じることはあるでしょう。ただ、その時に自分には関係ないと何もやらなかったり、「他の人がやってくれるから…」と他人任せにならずに、自分でどうにかしようと思って、実際に行動に移せたことが立派です。きっと私が気が付いていないところでも動いてくれている子が多くいるはずです。

　そうやって1人1人が当事者意識をもって動くことが、クラスをより良くしていく一歩だと思います。

6月

今月の見通し

時間的余裕を生かして「見直し」と「お試し」を

曽根　朋之

今月の見通し

学校行事	家庭との連携
● プール開き	● 行き渋りの子どもへの対応
● 体力テスト	● 個人面談
	● タブレット型 PC の家庭での利用法
学年・学級	**他**
● 水遊び（プール）指導	● 個人面談の計画表作成
● 雨の日の過ごし方指導	● 通知表の所見作成
● 係活動指導	● 通知表の成績作成

　運動会などの大きな学校行事が終わり，クラスの活動にじっくりと時間をとれる時期です。しかし，梅雨や，気温の上昇もあり，大人も子どももどうしてもだらけてしまう時期でもあります。じっくりとクラスの時間がとれる6月だからこそ，「見直し」と「お試し」をテーマにしていきましょう。「見直し」では，掃除当番をもとに当番活動におけるやることの明確化と自主性のバランスを考えていきます。「お試し」では，子どもたちの「やりたい！」と思ったことを試してみるという経験をすることで，2学期以降の係活動につなげていきます。

⭐ やることの明確化と自主性のバランスを見直す清掃指導

　掃除をしない子のほとんどは，「やることがない子」「やることがわからない子」です。例えば，掃除場所に対して人員が多すぎると，自分がやらなくてもきれいになるので掃除をしない子が出てきます。他にも「教室の雑巾」という役割では，教室のどこをどのように掃除すればいいのかがわからず，やらない子が出てきます。このような状態で，掃除をしないことを責めても，掃除をやっているふりがうまくなるだけで，あまり効果はありません。

１年生のこの時期であれば，以下の三つの方法をヒントに，やることの明確化と自主性のバランスを考えてみましょう。

- 一人一人の細かい役割分担
「ほうき」「雑巾」などの役割ではなく，「教室の前のほうき」「〇組寄りの廊下の雑巾」のように担当する掃除のエリアを指定します。自分がやるべき場所が決まることで責任感を出すことがねらいです。
- 一人ずつ役割をずらして教え合いながら掃除をする
「一人一人の細かい役割分担」をしたら，一日ごとにその分担をずらしていきます。そのときに重要なのが，前日の経験者を残すことです。例えば，黒板の担当が３人いたら，３回は黒板の担当を行います。一人ずつずれるので，自分が黒板の担当になったときは，すでにその担当をやったことがある先輩が２人いることになります。２回目，３回目になると，後輩が入ってくることになります。このようなシステムにすることで，責任感を保ちながらお互いに教え合って掃除をしていきます。
- 終わった後の時間で，汚いところ探し
自分の担当場所が終わったら，他に掃除すべきところを探すように指導します。自分の担当が終わった後に，自分で掃除すべき場所を探して取り組んでいる子どもは大いに価値づけましょう。だんだんと自主的に取り組めるようにしていくことを目指します。

⭐ 子どもが「やりたい！」と声を上げた活動を試す

季節行事に合わせた活動は，幼稚園・保育所・認定こども園でも経験します。季節に関係する絵本の読み聞かせなどを通じて季節の話をすると，楽しかった経験を思い出し，「～をやりたい！」という声がきっと上がってくるでしょう。時間に余裕のある６月だからこそ，そういった声が上がった活動を試していきます。七夕に向けて「願い事を書きたい」という声が上がることが想定できます。そのときに，教師が笹や短冊を用意するのではなく，「必要なものがあれば言ってね」くらいにとどめておきます。声を上げた子どもたちが「短冊用の色画用紙が欲しい」「笹みたいな棒はどこかにないかな」と探し始めたら，クラス全体に相談する時間をとってみましょう。「職員室に色画用紙があったよ」「幼稚園で笹をもらったことがある」という話が出てくるかもしれません。まずは，子どもの「やりたい！」を生かして，お膳立てしすぎないことが重要です。このように，自分たちで企画する経験を２学期以降の係活動につなげていきます。

6月

「○○しなさい」ではなく
「なんで○○しようと思ったの？」

青木　大和

⭐ こんなときに…

　学習規律や習慣を身につけていく過程で，行動の意味を意識して楽しみながら学ぶ意識をもつための言葉かけです。

　「教科書は左，ノートは右，筆箱は上」「両足は床につけて，背筋は伸ばし，机とおへそは拳一つ分空ける」こういった学習規律や習慣を，低学年段階から丁寧に指導することは重要なことかもしれません。

　一方で，このような規律や枠組みを厳しくし続けると教師はパトロールのように監視するようになり，子どもにとっては，学ぶことは強制されること，すなわち「やらなくてはならないもの」となり，行動する意味を理解しようとしません。

⭐ 指導の意図

　教師の監視の意識が強まると，「○○はできていますか」「△△は整っていますか」と，できているか否かがものさしとなってしまいがちです。このような意識が強まると，子ども同士のやりとりで「先生に言うよ！」「あっ，□□さんできてない！　いけないんだ！」などと，子ども同士が監視し合うようになり，その規律や習慣の意味を考えて行うのではなく，【先生が言ったから行う】ようになってしまい，学校生活がどんどんつらいものになってしまいます。子どもがより楽しく意味を感じながら主体的に行動することができるような声かけが必要です。

⭐ お話

●「○○して遊ぼう！」

　「学習」や「勉強」という言葉に抵抗感をもつ子どもは少数でも存在します。特に，進学したばかりの1年生にとっては【学校は教科の勉強をするところ】という認識が強く，ネガティブになりがちです。

そこで，「数字で遊ぼう！」「ひらがなを使って遊ぼう」と学習の中で遊びの要素を取り入れていくような声かけをしていきます。具体的には，ひらがなを学習する際に「ひらがなの学習が終わったら，《ひらがな宝探し》に行くよ！」などと伝えます。ひらがな宝探しとは，校内に複数のイラストを掲示し，イラストに描かれたものの名前をひらがなにしてワークシートに書き込んでいき，宝となる言葉を見つけていくというものです。遊びを取り入れた学習を行うことで，自然と友達同士でのやりとりや，授業準備を効率よく行おうとする意識が生まれます。先生が「授業準備をしてから休み時間にします」などと声をかけるのではなく，「たくさん遊ぶ時間をつくりたいなら，どうしたらいいかな」などと子どもたちに問いかけていき，子どもたち自身が効率のよい学習の仕方を考えていくようにするのが望ましいでしょう。

また，教師の言葉は指示語だけではなく「なぜかというと」と必ず理由を添えるようにしたり，「…の方がよいと思うけど，どう思う？」と末尾を問いかける声かけにしたりすると，子どもたちは「自分で考えて行動する」という意識に変容します。

●「先生は△△ができているなぁと思ったのだけれど，なんで○○しようと思ったの？」

子どもたちの日常生活に目を向けてみると，子どもたちが自然と行っているキラリとした行動が目に映るはずです。例えば，「授業の準備をしてから休み時間にしている」「自然と友達の落とし物を拾って，机に置いている」「廊下の交差点で道を譲っている」などです。

そこであえて授業の冒頭に問いかけます。「先生さっき見かけたんだけど，Aさんは授業の準備をしてから休み時間にしていたんだよね（写真などがあるとより効果的）。どうして準備をしてから休み時間にしようと思ったの？」。Aさんは少し恥じらいながら「その方が慌てなくて済むから……」と答えてくれます。そこで終わってはいけません。「そっか！　確かに準備をしてから休み時間にすると，慌てなくて済むよね！」と価値づけながら，反復するのです。

このことで，無意識を意識化することができます。そして【言われたから行う】のではなく【必要だから行う】という意識に変わります。このように，教師が見取った子どものキラリとした行動を全体で共有することで，行動による効果を実感することができるようになります。同時に，必要なければ行わないという意識も発達に応じて生まれるでしょう。これこそ自分で考えて行動する主体的な姿といえます。このとき大事なのは，自分にとって，全体にとってという文脈です。自分だけがよければ満足という意識にならないための声かけも必要です。

●「みんなのことを考えてくれてありがとう！」

上記の価値づけを行っていくと，子どもから他者を思いやって行ったという発言が聞かれます。例えば，「拾ってあげた方が，Bさんが困らないから」などです。「Cさんはすごい！　自分のことだけではなくて，友達のことも考えて行動できるんだ！」と全体で共有していきます。自分だけではなく，他者とともに安心できる教室が望ましいことに気づけるようにします。

学級づくりのポイント

授業づくりのポイント

学級づくりのポイント

6月

佐藤　順子

レク

雨の日に教室でできるレクリエーション
〜宝物を探せ！〜

🕐 **10〜20分**

ねらい 楽しみながら言語感覚を豊かにする。
周囲を観察する力を身につけ，タブレットの使い方に慣れる。

準備物 筆記用具，紙やミニホワイトボード，お題となる言葉，写真など

⭐ どんなレク？

　一人で，ペアで，あるいは班対抗で，お題に沿った「宝物」を探し出し，紙やホワイトボードに書き出したり，タブレットで撮影したりします。

● 言葉バージョン

　お題に従って思いつくものを制限時間の中で，たくさん見つけます。また，人が思いつかない「なるほど！」と思わせるものを見つけるのも○Kです。

〈宝物の例〉

① 視覚に関するもの……赤いもの，小さいもの，まるいものなど
② 触覚で表せるもの……ふわふわしたもの，ちくちくするものなど
③ 味覚で表せるもの……あまいもの，酸っぱいものなど
④ ①〜③の組み合わせ…赤くてあまいものなど
⑤ 感情に関すること……うれしいとき，泣いてしまうとき，
　　　　　　　　　　　　安心できるときなど

　宝物を見つけ出したらそれぞれ紙やホワイトボードなどに書き出す，もしくは，タブレットで撮影し，発表していきます。

　「さまことばカードゲーム」（すごろくや）が，お題の参考になります。

● 写真バージョン

　あらかじめ教室内や教室にあるものを撮影しておきます。

　その写真に写っているものが宝物です。制限時間内に，できるだけたくさんの宝物を見つけ出し，同じアングルの写真をタブレットで撮影します。

　活動後に，宝物の写真を披露し合います。見つけられなかった宝物は，答え合わせをします。もしくは，秘密のままにしておくのもよいかもしれません。

また，グループで実施した場合は，どのような役割分担をしたのか，発見の難しい宝物をどうやって見つけたのかなどの振り返りをすると新たな気づきが生まれるかもしれません。

⭐ レクの流れ

レク

❶ 今から宝探しをします。宝物は，○○で探します。

○○の箇所は，個人，ペア，班のどれで実施するのかを決めて，指示します。

❷ 宝物は「○○」（お題の提示）です。制限時間は○分です。

❸〈言葉編〉なるべくたくさんの宝物を発見しましょう。また，みんなが気づいていない「なるほど！」と思える宝物（レアキャラ）を探してもいいです。

❹ 見つけ出した宝物を紙（またはホワイトボード）に書きましょう。
〈写真編〉宝物を見つけて，見本と同じようにタブレットで写真を撮りましょう。

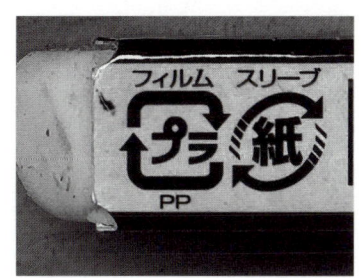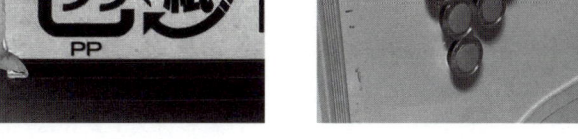

写真バージョンのお題の例

学級づくりのポイント

授業づくりのポイント

6月　プール開き

橋本　智美

⭐ 安全に水泳を行うために

　水泳指導で最も大切なのは，事故がなく安全に行われるようにすることです。特に1年生の子どもたちはまだ体も小さく，幼稚園や保育所とは違う深くて大きなプールでは，「まさか」が起こる可能性があります。小さな子どもは，手がつかない浅いところでは溺れることがある，水底に頭などをぶつけることがある，プールサイドでの転倒や熱せられた箇所でのやけどが起こりうるなど，水泳では重大事故が起こりうることを十分理解しておきましょう。

⭐ プール開きに向けた事前指導

❶ 保護者へのお知らせ

　プール開きに向けて保護者の協力が必要です。以下のような内容をおたよりなどに掲載し，保護者に協力をお願いします。

- 持ち物すべてに記名をお願いします。
- 爪を切ったり耳あかを取ったりするなど体を清潔にしておきましょう。
- プールカード（健康観察カード）の記入を確実に行い，見学をする場合はお知らせください。
- 事前にご家庭で水着に着替える練習をお願いします。その際，髪の毛を帽子の中に入れる，ゴーグルをつけるなどの練習もしていただけるとありがたいです。

---

❷ 教室での事前学習

　水泳の学習時間は限られているため，事前に教室で学習を行います。まずは，プール見学に行き，どこでシューズを脱ぐのか，どこにタオルを置くのか，深いところや吸水口はどこかなどの探検をすることで意欲を高めます。

　次に，命を守るためのルールを確認します。「お」押さない，「か」駆けない，「し」しゃべらない，「ふ」ふざけない，「や」約束を守る，「せ」先生の話を聞く。というように「おかし

ふやせ」などの簡単な言葉を使い, 覚えられるようにします。

さらに, 教室での着替え方を確認します。脱いだ衣服のたたみ方やプールサイドへ持っていくものを実物を使って学習します。その際, プライベートゾーンについての指導が必要です。文部科学省が「生命（いのち）の安全教育動画教材（小学校（低・中学年））2 じぶんだけのたいせつなところ」という動画にまとめ, YouTube で配信しています。視聴させることで, タオルの中で水着に着替える大切さを理解することもできます。

⭐ プール開きの流れ

プール開きは, ①プールのきまりを確認して学習の流れをつかむこと, ②水中を歩いたり水に顔をつけたりして楽しく遊ぶことを目的にしています。

❶ 学習の流れを確認する

まず, バディシステムを組みプールサイドに 2 列で並びます。「バディ」の合図で, 隣の人と手をつないで上にあげ, 「番号」の号令で前から「1・2・3……」と言いながら座り, ペアの表情や動作を確認します。次に, プールでの約束を確認し, 準備運動をします。そして, ゴーグルと水泳帽を外し, シャワーを浴びて体をよく洗います。10秒数えたり, 笛で合図をしたりするとわかりやすいです。シャワーが終わったら, バディで座って待ちます。

❷ 水に慣れる

入水の前に水慣れを行います。プールサイドに座り, 水を手ですくいながら足→腕→頭→背中→胸の順番で体にかけます。後ろを向いて静かに水に入り, 「背中をプールの壁にペタッとつけましょう」と指示をすると静かに待つことができます。肩まで浸かったり, 壁をつかんで10回ジャンプしたりするなどして水に慣れていきます。

❸ 水の中で歩く

水に少し慣れたら, 動物になりきって歩くと楽しみながら水の中を移動できます。ゾウ（腕を鼻に見立てて）・カンガルー（ジャンプ）・タコ（体をぐにゃぐにゃに）・ペンギン（かかとで歩く）・カニ（顔を水につけて鼻から息をはく）など, 動物になって歩きながら, 水泳で必要な感覚を身につけていきます。時間があればじゃんけん列車などをして楽しんでもよいです。最後に, 振り返りをし, シャワーを浴びて終わります。

【参考文献】
● 文部科学省 /mextchannel「生命（いのち）の安全教育動画教材（小学校（低・中学年））2 じぶんだけのたいせつなところ」 https://www.youtube.com/watch?v=sHjvu31y5oU

学級づくりのポイント

授業づくりのポイント

お話

主体的に学ぶために

「たんてい」呼びで子どもの授業への意識を変える

学ぶ意欲が継続しなかったり，学習は嫌なものというイメージをもったりする子どもも見られます。子どもが意欲的に学んだり，学びを自分事として追求していったりしてほしいと思います。

小澤　宏明

学級づくりのポイント

 ## こんなときに…

授業の問題や課題に対して，最初は「やってみたい」と意欲的に取り組むものの，その意欲がなかなか継続しない場面がよく見られます。子どもによっては「学習＝嫌なもの」と捉え，「やりたくない」とあきらめてしまうことがあります。

Ⅰ学期は，給食や掃除，朝の会・帰りの会など，基本的な小学校の生活リズムを身につけるだけでなく，学ぶ姿勢についても少しずつ育てていきたいものです。ここでいう姿勢というのは，「グー」「ペタ」「ピン」「サッ」のような正しい姿勢ではなく，意欲的に学ぶ姿勢，学びを追求していく姿勢など，子どもの内面からくる「学ぼうとする心」を育てていくことを考えます。ここでは，「たんてい」呼びで子どもの授業に対する意識を変えていきましょう。

指導の意図

今回は，一人一人を「たんてい」とすることで，集団の場面でも，自分事として考え意欲的に取り組んでいけるような場を設定します。「たんてい」呼びの前段階として，子どもたちに「"よい"たんていクイズ」を行います。クイズを通して，よりよく学習するということはどのような姿のことか考えさせます。選択肢を与えて挙手させるのに，答えは「全部」というのもポイントです。つまり，一概にどれができたらよいということはないのです。

それぞれが「"よい"たんてい」像を目指して授業に取り組んでいくことで，課題や問題が自分事になるようにしていきます。教師は，その子どもの懸命な姿を具体的に取り上げ，称賛していくことで，一人一人の学びの質の向上をねらっています。

授業の中では「〇〇たんてい」と呼ぶだけでなく，「〇〇たんていのすばらしいのは……」と感心しながら意見を聞き，その子の考え方も評価していきましょう。考え方の評価の際は，各教科の学習指導要領や，その時間に教師がねらう見方・考え方の視点から褒めていくことにします。教師が適宜評価していくことで，少しずつ各教科でねらう姿が子どもたちと見えてきます。また，「〇〇たんていのどんなところがよかった？」などと全体に問いかけ，教師の評

価だけではなく，子ども同士の評価も取り入れましょう。

「"よい"たんてい」を各教科様々な場面で，子どもと考えていくことで，そのクラスでの学び方を探っていきます。一度たんていのイメージがクラスの中で共有されていくことで，学ぶ姿勢の方向は明らかになるでしょう。しかし，よいたんていのイメージは，「これができたらよい」ということではありません。たんていのイメージに，新たな要素が追加されたり，見直されたりする必要があるでしょう。

よりよい学びの姿は「創っていくもの」です。だからこそ，目の前の子どもたちの姿を見つめ，たくさん褒めて，子どもとともに学ぶ姿勢を創っていきましょう。

 お話

> 今日からの○○（教科）の授業は少し難しいかもしれない。だから，今日はみなさんに「たんてい」になってもらおうと思います。たんていってわかるかな？
> （子どもたちがたんていに対するイメージを話しているのを共感しながらきく）
> 「わからないこと」「ぎもん」「なぞ」のことを解決するのがたんていというイメージみたいだね。よくわかりました。では，ここで先生からクイズです。"よい"たんていとは，どのたんていのことでしょう。手を挙げて答えてね。
> ①「みる」のがじょうずなたんてい
> ②「きく」のがじょうずなたんてい
> ③「はなす」のがじょうずなたんてい
> （複数手を挙げている子を探す。いる場合にはその子にインタビューする。）
> 正解は「ぜんぶ」です。その理由は，
> 上手に見ないと，小さなことを見落としてしまうかもしれないね。
> 上手に聞かないと，自分にはなかった新しい発見が見つからないかもしれないね。
> 上手に話さないと，聞きたいことが聞けないかもしれないね。
> "よい"たんていというのは，どれができているからではないのだよ。
> だから今日はどんな謎なのか，「たんてい」になって考えてみてください。先生も今日は「～さん」じゃなくて「～たんてい」って呼びたいのだけどいいかな？
> （普段通り「さん」づけがよいか確認し，たんてい呼びが嫌な子には「さん」で呼ぶ。基本，子どもは特別を好むので，全員たんてい呼びでよいことが多い。）
> 授業の中で"よい"たんていを目指してね。
> 先生は，どんな素敵なたんていさんがいるか一生懸命探します。楽しみだなぁ。

6月

気になる子への対応①
登校渋り

小原　広士

⭐ 1年生の登校渋りに対する理解と対応策

　令和の時代になり，不登校児童生徒が増え続けています。10年前と比べると，小学生の不登校は約5倍に増えています。特に，1年生の子どもたちは，自分自身の状況や気持ちをうまく理解できないことが多いです。つまり，学校に行きたくない理由が自分でもわからない場合が多いのです。1年生が登校を渋る原因として，一般的には以下の理由が考えられます。1年生の担任は，これらの原因とそれらに対する対応策をしっかり把握しておく必要があります。

❶ 不安や恐怖
　新しい環境や友達との関係に不安を感じたり，苦手な教科があったりすると，登校を渋ることがあります。
〈対応策〉
- 子どもと話をして，何が心配なのかを聞く
- 小さな成功体験を積ませ，自信をもてるようにする
- クラスの友達と楽しく過ごせる時間を増やす

❷ 家庭での変化
　家でのトラブルや，引っ越し，親の仕事の変化などが原因で，登校を渋ることがあります。
〈対応策〉
- 保護者と連絡をとり，家庭の状況を確認する
- 保護者と協力して，家庭でのストレスを減らし，子どもを支援する

❸ 友達とのトラブル
　クラスの友達とのケンカや，仲間はずれにされると登校を渋ることがあります。
〈対応策〉
- 友達関係をよく観察し，トラブルがあれば話を聞く

- 必要に応じて，子どもたちの間で対話や協力する機会をつくる

❹ 勉強に対するプレッシャー

　学習が難しいと感じたり，テストや成績にプレッシャーを感じたりすると，登校を渋ることがあります。

〈対応策〉

- 学習内容を子どもの理解に合わせて調整し，サポートする
- がんばったことに対して褒め，少しずつ自信をもてるようにする

❺ 疲れや体調不良

　睡眠不足や体調不良，ストレスが原因で，登校を渋ることがあります。

〈対応策〉

- 子どもの健康状態を確認し，必要であれば養護教諭やスクールカウンセラー，病院に相談するよう保護者に勧める
- 十分な休息やリラックスの時間を確保するよう，保護者と協力する

　上記は一般的な原因ですが，子ども一人一人には特有の理由があるかもしれません。どのような原因であっても，最も大切なことは，子どもの話をよく聞き，信頼関係を築くことです。そのうえで，保護者と連携しながら，それぞれの子どもに合った方法で対応していきましょう。また，子どもについての情報を教育相談コーディネーターや，他の学校職員と共有することも大切です。一人で抱え込まず，職員と連携して対応することが重要な支援の在り方です。

⭐ 登校後に教室に入れない子どもへの対応方法

　1年生の1学期には，登校後に突然教室に入れなくなる子どもがいます。そんなときは，まず子どもが安心して過ごせる場所を見つけて，一緒に過ごしましょう。優しく声をかけ，「なぜ教室に入りたくないの？」と理由を聞いてみます。無理に教室に入れようとせず，「教室の前まで行ってみよう」や「友達の隣に座ってみよう」など，小さな目標を立てて少しずつ進めるとよいです。また，仲のよい友達に助けてもらうのも効果的です。教師として，常に子どものそばにいて安心感を与え，必要があれば他の先生と協力して支援しましょう。

【参考文献】
- 藤枝静暁著『不登校・登校しぶり　親子によりそうサポートBOOK』ナツメ社
- 神村栄一編著『教師と支援者のための"令和型不登校"対応クイックマニュアル』ぎょうせい
- 文部科学省「令和5年度児童生徒の問題行動・不登校等生徒指導上の諸課題に関する調査結果」

学級づくりのポイント

授業づくりのポイント

7.8月

今月の見通し

夏休み，2学期につなげる7月

曽根　朋之

今月の見通し

学校行事	家庭との連携
● 終業式	● 1学期末保護者会や個人面談
	● キャリアパスポートの共有
学年・学級	● 家庭学習のチェック（夏休みの宿題）
● 夏休みの宿題	● 栽培植物の持ち帰りと世話（生活科）
● 1学期の振り返り	
● お楽しみ会（学級活動）	**他**
● 大掃除	● 個人面談の計画表作成
● 学習用具の計画的な持ち帰り指導	● 通知表の所見や成績作成（成績処理）
● 2学期の使用教材の確認と注文	● 掃除道具・給食道具の点検や補充

夏休みが近づき，1学期を締めくくる7月です。

　まず，1学期のクラスでの生活を振り返りながら，2学期以降につなげていくために，「学級目標」について考えていきます。

　次に，「宿題」についても考えていきます。そもそも宿題を「嫌なことを課すもの」にしてしまっていると，子どももなかなか前向きに取り組めません。結果的に夏休みの宿題も含めて保護者に丸投げすることにもなってしまいます。そうならないために，「やりたい」もしくは「やれそうだ」というある程度の道筋が見える宿題にする方法を考えていきましょう。

⭐ クラスについて振り返るきっかけの「学級目標」

　学級目標に対して，様々な価値観やつくり方があります。3か月過ごした自分たちのクラスについて振り返ることに重きを置いて，この時期に学級目標をつくっていきます。

まず，このクラスのよいところはどこか，直した方がよいところはどこかを考え共有していきます。全体で子どもが発表していくのではなく，全員が紙に書いたものをまとめて一覧にし，全員の思いが見える形にして教師が読み上げるとよいです。そのようにすることで，一人一人の思いを確実に共有し，一人一人の思いから学級目標という形にしていきます。

具体的に学級目標として掲げるときには，「きりかえをできるようにしよう」といった課題をそのまま学級目標にしたり，あいうえお作文のように覚えやすいものにしたりするなど，様々なバリエーションがあります。個人的には，一人一人の思いに合う名前をクラスにつけるような感覚で考えると，子どもたちも学級目標に愛着がわいてくるのでおすすめです。これまで私が担任した低学年では，「みんなにやさしく」「じゆう」「みらい」「ゆうき」が出てきました。最終的には多数決にならざるを得ませんが，どれがぴったりかを話し合っていく過程が大切だということを重ねて指導していきます。最後は，教室に飾るためにデザインを募集して，クラス全員でこだわりぬいたものをクラスのシンボルとして掲示します。

⭐ 「やりたい」「やれそうだ」という状態にする宿題

宿題は「嫌なもの」というイメージが根づいてしまう原因は，「やりたい」もしくは「やれそうだ」という状態にないまま，教師が宿題を出してしまうことがほとんどです。

例えば，毎日同じ文章を同じように音読することを2週間続けることは，大人でもつらいはずです。すらすら読める力をつけることが目的であれば，自分の好きな本を音読するという宿題でもよいはずです。何か音読を発表する場があるという目的があるだけでも，子どもたちの宿題への意欲は変わっていきます。タブレット端末の持ち帰りが可能であれば，撮った動画を投稿して提出し，クラスで見合える環境にすることも工夫の一つです。読み方もただ読むだけでなく，「スピードを計る」や「おうちの人と交互に読む」のような選択肢を与えてもよいかもしれません。このように，「やりたい」と思えるような工夫は，いろいろとあるはずです。その工夫がない丸投げ状態の宿題では効果が薄くなってしまうのは当然です。

「やれそうだ」という状態にするためには，例えば5問あるプリントならば，1問目は学校で解く，文章を書く宿題ならば5分間は学校でやるといった工夫が考えられます。「これならやれそうだ」という感覚になれば取り組みは多少早くなるはずです。夏休みの課題についても，「夏休みの課題と指導」のページ（p.120）で確認しながら，「やりたい」「やれそうだ」という状態にする工夫をしてみましょう。

7・8月

お楽しみ会おすすめメニュー

新居　逸郎

⭐ 学期の終わりとはじめは楽しく！わくわく！

1学期の終わりや2学期のはじめはお楽しみ会（集会活動）を行い，楽しく締めくくったり，わくわくして始めたりしたいものです。この時期になれば，1時間学級会をして，やることや工夫を決めてから，お楽しみ会をすることも可能です。実践あってこその話し合い，子どもたちは学級会も好きになりますが，お楽しみ会も大好きです。子どもたちに充実感や達成感，新しい学期への期待感などを味わわせてあげましょう。

⭐ お楽しみ会（集会活動）のポイント

お楽しみ会（集会活動）を成功させるためのポイントは五つです。

①お楽しみ会のねらいを明確化　②活動の見通しを立てる　③全員で役割分担
④教師の陰のサポート　⑤活動の振り返り

お楽しみ会といえども，授業時数を使って行います。単に楽しいだけでなく，何を目標として行うのかを明確にします。会のプログラムを作成し，当日の流れを共通理解しつつ，必要な役割を出し合っておきます（司会，飾り付け，○○遊び進行，プログラム作成，はじめの言葉・終わりの言葉など）。役割を出し合ったら，クラスの全員で役割分担をします。みんなが役割をもってお楽しみ会に参加することで責任感や満足感を得られるようになります。そして，学級活動だからと子どもたち任せにしてはいけません。教師の適切な指導の下に活動があります。子どもたちの気持ちに寄り添いながら，自分の役割を果たせたと感じられるように様子を見ながらサポートしましょう。お楽しみ会が終わった後は，「自分のよかったこと」「友達のよかったこと」「みんなのよかったこと」「次の集会でがんばりたいこと」の観点で振り返りをします。1年生であれば，子どもたちが口頭で振り返ったことを教師がまとめて，学級活動新聞として掲示すれば，活動が次につながるだけでなく，クラスを彩る掲示物としても役立ちます。

お楽しみ会のアイデア

　お楽しみ会は子どもたちの発意・発想を生かして創り上げるものですが，経験のない子どもたちには教師が「こんなお楽しみ会もあるらしいよ」と紹介することもあります。

- 〇学期楽しかったね会をしよう

  学期の楽しかったことを振り返ったり，がんばりを互いに認め合えたりするように工夫する。
- 夏祭りをしよう

  グループに分かれて屋台を出して，前半後半に分けて遊ぶ。
- 表彰式をしよう

  各児童の学期のがんばりを表彰する賞状を互いに作成して，授与する。
- 特技発表会をしよう

  特技をみんなの前で発表する。まだ知らない友達のよさに気づくことができる。
- 〇組チャレンジをしよう

  みんなで挑戦する内容を決め，チャレンジをする。
- クラスオリンピックをしよう

  みんなで競技や内容を考えて，オリンピック風に行う。聖火リレーをするなどの工夫も生まれやすい。
- ミニステージフェスティバルをしよう

  クラスのよかったことやがんばったことを劇にして発表する。
- ミニミュージックフェスティバルをしよう

  チームを決めて歌合戦をする。クラスの歌をつくってみんなで歌う。
- オリジナルドッジボールをしよう

  ドッジボールにいろいろな役職をつくる。（王様ドッジや姫ドッジに自作の役職を追加）
- 転校さよなら会，〇組へようこそ会

  転校生のために思い出のアルバムを作成して渡す。転入生の歓迎クラス遊びをする。

　お楽しみ会では，「何をやるか」に目が向きがちです。楽しいだけにならないように，「何のためにやるのか」を意識して「どんな工夫をするのか」を考えると，クラスオリジナルの活動になっていきます。夏祭りをしたときにはみんなで浴衣や甚平を着たこともありました。保護者の協力が必要な工夫が生まれた場合は，事前に保護者，学年の先生，管理職へ伝え理解を得ます。当日の様子を写真付きで学級だよりにすると保護者の方々はとても喜んでくれました。

7·8月

1学期の通知表記入のポイント

笠原　成晃

⭐ もらってうれしい通知表

　多くの子どもと保護者にとって初めての通知表。これまでのがんばりが認められ，2学期に向けてさらにがんばれる内容にしましょう。そのためには，子どもの成長を捉え，文章として的確に表現することが必要です。以下のポイントに気をつけて通知表を作成してみてください。

> ● 学校での子どもの姿を前向きに捉えて表現する。
> ● 学習面，生活面など複数の視点で子どもの姿を表現する。
> ● 評定との整合性がとれるように全体のバランスを考えて記述内容を考える。
> ● 学級によって差が出すぎないように周囲の先生と打ち合わせながら進める。

⭐ 書くことを見通しておく

　通知表を書くとなってから子どもの姿を思い返しても，なかなかうまく言葉にならないこともあることと思います。そうならないために，どんな形式で書くのか，何について書くのか，先に見通しをもっておきましょう。そうすれば，日頃の子どもの姿から通知表に書きたい姿を見つけやすくなります。

> 〈形式の例〉
> 　○○科（教科）の「△△（単元）」の学習では，〜する活動（授業）を通して，…ということに気づきました。（どんな資質・能力がついたか）
> 　生活面では，○○係で〜することができました。

　例えばこのような形式で，学習面ではがんばりが特に見えた学習活動，そこでついた資質・能力を教科書の指導書などを頼りに書いていくと授業での具体的な子どもの姿を表現できます。

また，生活面の内容は主には係活動や行事，授業外での姿に目を向けていくとよいでしょう。これらを基本として，より気持ちのこもった文章にアレンジしていきましょう。

通知表所見例

〈基本編〉

①学習面では，国語科の「おおきなかぶ」で音読劇をして，かぶの大きさや，おじいさんたちのがんばる姿を想像して力いっぱいかぶを引っ張る様子を再現してくれました。生活面では，電気係として教室移動の際に，欠かさずに電気をつけたり，消したりすることができました。

②学習面では，生活科の「がっこうだいすき」の学習で，学校を探検する活動を通して，「学校にいる先生たちは自分たちの生活を支えてくれている」ことに気づくことができました。生活面では，毎日の学校生活を丁寧に送ることができました。朝学校に来ると素早く支度をして，友達の支度のお手伝いをしたり，友達を誘ってアサガオに水やりを欠かさずにしたりすることができました。

〈応用編〉

応用編では，基本の内容をより保護者に伝わるように書き直してみました。

①明るく，元気な○○さんは，学習でもその力を発揮してくれていました。国語の「おおきなかぶ」の学習では，おじいさん役として，動きやセリフでおおきなかぶを一生懸命演じ，みんなから歓声を浴びていました。また，生活面ではきちんと仕事をする一面も見られました。体育や図書の時間に教室を移動する際には必ず最後まで残って，みんなが教室を出てから電気を消してくれる姿には非常に好感をもちました。そんな○○さんが，夏休みを通して成長し，2学期も活躍してくれることを大いに期待しています。

②○○さんは温かい心でクラスのみんなの学習をリードしてくれています。生活科で学校を探検していく中で，「特別に校長室に入らせてくれたり，倉庫を見せてくれたり，いろんな先生が教えてくれて私たちは勉強できるんだね」と，先生たちが1年生みんなを応援してくれていることに気づき，仲間に伝えることができました。生活面でも，みんなのことを気遣い優しさを振りまいていました。朝，登校すると自分の支度を素早く終えて，友達を手伝ったり，「アサガオにお水をあげよう」とみんなを誘ったりしていました。仲間思いで素敵な○○さんは1年△組に欠かせない存在となっています。

学級づくりのポイント

授業づくりのポイント

7・8月

1学期末の保護者会

小原　広士

　1年生にとって1学期は，小学校に慣れ，友達や先生との絆を深めながら，学びの楽しさを感じる大切な期間です。1学期末の保護者会では，この期間中に子どもたちががんばったことや成長した点，そして，今後の課題について伝えることが重要です。また，多くの学校では，1学期末に通知表が配付され，初めての夏休みが始まります。そのため，保護者会では，次のような話題を取り上げるとよいでしょう。

● 1学期の子どもたちの様子について
● 通知表について
● 夏休みの過ごし方について

⭐ 1学期の子どもたちの様子について

　生活面や学習面などで1学期に子どもたちががんばったことや成長した点を伝えます。特に1学期の学級通信などで十分に取り上げられなかった内容を説明することで，保護者会が「参加してよかった！」と感じてもらえる場になるでしょう。その際，単に事実を伝えるだけでなく，写真や動画を活用すると，より効果的に伝わります。また，タブレット端末を使用した学習を，保護者に実際に体験してもらうことも有効です。課題について話す際には，2学期以降の改善策と，それに伴う保護者の協力を具体的にお願いするとよいでしょう。

⭐ 通知表について

　1年生にとって初めての通知表は，子どもや保護者にとって，どう扱えばよいか迷うことが多いものです。通知表は，単なる成績の報告ではなく，子どもの成長を支えるための重要なツールです。保護者会では，次の三つの目的を説明し，保護者にも学校と協力して子どもたちの成長をサポートする意識をもってもらうことが大切です。

❶ 学習の成果と成長の確認

　通知表は，子どもが学期中にどのように成長したかを確認するためのもので，「よくできる」「できる」「がんばりましょう」といった評定は，子どもが自分の学習や生活を振り返り，次のステップに進むための指針となります。

❷ 学校・保護者・本人の連携

　通知表は，学校，保護者，そして子どもが学習や生活の状況を共有するためのツールです。家庭と学校が協力して子どもの成長を支えることが重要です。

❸ 学習意欲の向上

　通知表を通じて，子どもたちは自分の努力や成果を認識し，次の学期に向けての学習意欲を高めることが期待されます。教師や保護者から「できるようになったね」「次は，○○ができるように△△をがんばろうね」といった評価やフィードバックを伝えることで，子どもたちは自分の強みや改善点を理解し，目標をもって学習に取り組むことができます。

夏休みの過ごし方について

　１年生にとっての夏休みは，子どもたちだけでなく，上の学年に兄弟姉妹がいない保護者にとっても初めての経験です。保護者が夏休み中の子どもとのかかわりに不安を抱いたまま迎えないよう，次の２点については必ず伝えるとよいでしょう。

❶ 規則正しい生活の大切さ

　夏休みは生活リズムが乱れがちです。「早寝・早起きをすること」「朝ご飯をしっかり食べ，バランスのとれた食事を心がけること」への協力をお願いします。

❷ 学習面：夏休みの課題（宿題）

　夏休みの課題（宿題）の種類や量を伝えます。自由研究や工作などの課題がある場合は，それらについても説明するとよいでしょう。特にこれらの課題は，どの程度のレベルのものに取り組むべきか悩む保護者も多いですので，参考になる書籍やインターネットサイトを紹介することも役立ちます。

　これらに加え，安全面や健康面にも注意が必要です。各学校では夏休み前に「夏休みのやくそく」といった文書を発行すると思います。その内容を確認し，特に重要だと感じる点については保護者会で説明することが望ましいです。

7・8月

夏休みの課題と指導

若村　健一

⭐ 基礎的・基本的な内容の定着を図る課題

　小学生になって初めての夏休みを迎えるにあたり，1学期に学習した基礎的・基本的な内容については，この夏休みの間にしっかりと定着が図れるようにしておけるとよいでしょう。1人1台端末も活用し，AIドリルを活用するなど，学習履歴が残るようにしておくことで一人一人のつまずきなども把握しやすくなるでしょう。ドリルなどは「〇回やる」などと回数で示すのではなく，自分が苦手なところを中心にまんべんなく行うことができるよう課題の出し方を工夫しましょう。

⭐ 自分でテーマを決めて取り組む課題

　基礎的・基本的な内容の確実な定着を目的とした課題だけでなく，自分でテーマを決めて調べたり，実験したりできるような課題を出せるとよいでしょう。その際，何か難しい内容の自由研究を求めるのではなく，日頃から疑問に思っていることややってみたいことなどをテーマとして取り組むことができるよう声がけをしていくことが大切です。

　例えば……

● 自分でホットケーキを作って，作り方をまとめる

● 育てた花で色水を作る

● 近所にある公園に遊びに行って，そこにある遊具を紹介する　等

　なお，夏休み前の保護者会等で保護者にはいくつか例を示したり，まとめ方を示したりすることで家庭の協力を得ながら行うとよいでしょう。

生活科の学習との関連を図った課題

１学期に学習した生活科の内容との関連を図った課題を出すのも，子どもたちの生活と学習がつながるうえで非常に効果的です。また，２学期以降の生活科の学習を見越して，夏休みの間にできることについて課題を出すのもよいでしょう。例えば，次のような課題が考えられるでしょう。

- 夏に遊んだあそびを家庭でも実際にやってみる
- １学期に育てた花の世話と観察をする
- 家族が家でしていることを調査する

いずれにしても子どもたちが具体的な活動や体験を通して課題に取り組むことができるようにすることが大切です。

 ## 安全面・健康面における指導と計画的な荷物の持ち帰りを

子どもたちにとっては待ちに待った夏休み。幼稚園・保育所等でも経験していることもあるとはいえ，下記の点についてはあらためて指導をしておけるとよいでしょう。特に子どもたちの命にかかわる点については丁寧に指導しましょう。

❶ 安全面・健康面における指導

安全面について，具体的で視覚的にわかりやすいものを手がかりに，自分たちが気をつけることについて考えることができるようにするとよいでしょう。例えば，NHK for School などの映像や動画を使用しながら，気をつけるポイントについて話し合う場面をつくることも効果的です（NHK for School の「キキとカンリ」は項目別に番組が分かれているため，必要に応じて活用が可能です）。

健康面については，夏休みに入る前に起床時刻，就寝時刻等の目標を立てることができるようにし，それをもとに毎日記録をしていくことで，自分たちで日々の生活について振り返ることができるようにしていきましょう。後のフィードバックのしやすさから，１人１台端末を活用して記録をしていくこともよいでしょう。

❷ 計画的な荷物の持ち帰り

植木鉢，算数セット，図工の作品等，持ち帰るものが多くあります。終業式の１か月くらい前から計画的に荷物を持ち帰ることができるよう，持ち帰るもののチェックリストを作成し，子どもたちと共有しておきましょう。植木鉢などは保護者にも協力を依頼し，持ち帰ってもらえるよう事前に調整しておくことが必要です。

学級づくりのポイント

授業づくりのポイント

4月　5月　6月　7・8月　**9月**　10月　11月　12月　1月　2月　3月

9月

「見直し」をして，子どもの意識を少しずつ変える

曽根　朋之

今月の見通し

学校行事	家庭との連携
● 始業式	● 夏休み明けの生活リズムの確認
● 運動会（スポーツフェスタ）	● 学習用具の準備（栽培植物，鍵盤ハーモニカ）
● 身体測定	● 運動会の衣装のお願い
	他
学年・学級	● 夏休みの振り返り
● 新たな目標設定	● 運動会の競技紹介のおたよりや招待状づくり
● これまでのルールの確認，見直し	● 児童の健康や生活状況の確認

　2学期からは，子どもたちの自主性を引き出すために，委ねることを増やしていきます。ここでは，「日直」と「書字」の見直しを通して，子どもの意識を少しずつ変えていくことについて考えていきましょう。

⭐ 「日直」の見直し

❶ 一人の日直にその日の仕切りを任せる

　日直は1年生でも一人で担わせることをおすすめします。複数で行うと，仕事に漏れがなく，子どもたちも安心してできるメリットがあります。しかし，仕切るのが上手な子に役割が偏ってしまうことがほとんどです。日直が一人だと，朝の会を時間通り始めることも，時間内に朝の会・帰りの会を行うことも委ねるので，責任感が増して自主性を発揮しやすくなります。

❷ 具体的なフィードバックをする

　一人の日直に委ねると，うまくいかないことも多々あるでしょう。時間の感覚がない子や，

準備不足でうまくスピーチができない子に指導したくなるところですが，最初は声をかけずに待ってみましょう。朝の会と帰りの会の先生からの話では，「時間通り進められた子の理由」「日直の話がうまくいった子の理由」を具体的に価値づけていきます。例えば，日直だということを意識していつもより早く来る子，着席するよう早めに声をかける子，日直のスピーチで見せるものの準備をしている子など，うまくいく子はそれだけの準備をしています。こういった子どもたちが自主性を発揮している行動を先生がよく見て，価値づけることでクラスに広げていきます。難しい子には，事前に一緒に準備をして成功体験を積ませてもよいです。

⭐ 「書字」の見直し

❶ 書字の二つの傾向

　ひらがなが終わったら，カタカナ，漢字は2学期中に学習しておき，3学期には復習に使えるように計画します。早めに進めていくと，文字を書くことに慣れる時間を確保できます。書くことに慣れてくると子どもの書字の傾向は，大きく二つに分かれます。一つは，丁寧に書きすぎるパターンです。少しでも間違えると消しゴムを使って，宿題を終えるのが夜までかかってしまう子どももいます。もう一つは，どんどん字が雑になってしまうパターンです。思考が早い子どもほど，思考と字を書くスピードが一致しないので，どうしても雑になってしまいます。

❷ 「書く目的によって変える」を目指して

　上記のような相談を保護者から受けたときに，「書く目的によって変える」という考え方を伝えるようにします。例えば，誰かにあげるお手紙であれば，時間をかけた丁寧な字で書くべきです。でも，自分しか見ない計算メモであれば，手紙ほどきれいに書く必要はありません。教師や保護者に「言われたから丁寧に書く子」では，自主性は育ちません。「この文章は誰にどんな目的で書いているのか」に着目し，どれくらいのスピードと丁寧さで書くとよいかを考えることで，適切な丁寧さで書く意識をもたせます。

❸ 自分の書くスピードはどれくらいかを知る

　1年生の1分間の書字のスピードは約10字といわれています。ひらがな五十音表であれば，だいたい5分くらいで書けるのが平均的なスピードです。5分間でひらがな五十音表を書ききって自分の字のきれいさはどのくらいかを知ったうえで，どのくらいのスピードと丁寧さで書くかを検討できるようになることが理想です。

【参考文献】
● 河野俊寛・平林ルミ・中邑賢龍「小学校通常学級在籍児童の視写書字速度」『特殊教育学研究』46巻4号，2008

学級づくりのポイント

9月

当番活動・係活動の充実

新居　逸郎

⭐ 一人一役から当番と係に分ける

　一人一役をすると，一人でやるには大変な仕事や不便なこと，友達と協力した方がよい仕事が見つかっているはずです。一人一役の役割を見直しながら当番活動と係活動を分けましょう。

　子どもたちに当番活動は「ないとみんなが困るもの」，係活動は「あるとみんなが楽しいもの」という視点を与えて，子どもたちと一緒に分けていきます。当番活動は，同じ仕事を何人かで分担し，協力しながらできるようにします。

> 〈当番活動の例〉
> 黒板消し当番，配り当番，保健板当番，手紙ポスト当番，日付当番，時間割当番　など

⭐ 係活動の始め方

　係活動は子どもたちにとってクラスがより楽しくなるように，自分の得意なことを生かしながら創意工夫して行います。四つのステップで係活動をスタートしていきましょう。

〈係活動オリエンテーション〉

　係活動は，「あるとみんなが楽しくなるもの」だと伝え，係の意義を教えます。また，1年生は係活動の経験がないため，どんな係があるのかは教師が例示する場合もあります。

〈つくる係の決定〉

　みんなで話し合いどんな係をつくるのか決めます。学級の人数に合わせて，係の数が多すぎたり少なすぎたりすることがないように配慮しましょう。2〜6人程度で編成できるとよいです。係名は，活動内容がわかり親しみがもてるようなものにします。

〈所属する係の決定〉

　子どもたちの希望を尊重しながら所属する係を決めます。子どもたちが得意を生かしたり，仲間と協力したりしながら係活動ができるようにします。同じ係を希望する子が多すぎるとき

はその係を二つに分けることもあります。

〈活動計画の作成〉

　各係で，係名，めあて，活動内容を明確にした係ポスターを作成して掲示したり，発表したりします。

> 〈係活動の例〉
> - お誕生日係（みんなの誕生日を祝う）　　遊び係（休み時間のクラス遊びを企画する）
> - 飾り係（季節に合わせて教室を折り紙などで飾り付けする）
> - 手品係（手品を披露する）　　クイズ係（クイズを出題する）
> - 生き物係（生き物を飼育したり，生き物について紹介したりする）
> - イラスト係（ぬり絵やイラストを作る）　　歌，ダンス係（歌やダンスを披露する）

⭐ 係活動活性化の工夫

〈係コーナーの設置〉

　係活動で使える折り紙や画用紙，テープや油性ペンを置いたり，係からのお知らせを貼れるコーナーを教室内に設置したりします。子どもたちがわくわくするような場所になるようにしましょう。

〈活動時間の確保〉

　係活動は，学級活動の時間だけで行うわけではありません。日常的に係が活動できる時間を確保します。朝の会や帰りの会の時間を使ってお知らせや発表をしたり，休み時間に係の企画を実施したりします。休み時間に係の企画を行う場合は，全員を強制参加にしないように配慮しましょう。

〈係同士の交流〉

　自分の係以外にも目を向けて，「お願いカード」「ありがとうカード」「感想カード」などを使い，係同士が交流できるように工夫します。

〈係発表会〉

　係がこれまでの活動やこれからやってみたいことを発表し，活動を振り返れるようにします。他の係から肯定的な感想をもらうことで自己肯定感も高まります。

〈ランチミーティング〉

　週に１回，係で給食を食べて活動の振り返りや企画ができるようにします。

　係活動が停滞しないように「物」「場所」「時間」は教師が確保してあげましょう。

学級づくりのポイント

授業づくりのポイント

9月

2学期の評価の方法

横田　典久

⭐ 2学期の1年生の評価について

　2学期の1年生は，学校生活にも慣れ，1学期を通してたくましく成長した姿が多く見られます。そのため，1学期に学んだことをどのように活用・発揮することができるのかという視点ももちながら見取る（評価する）必要があります。その際に，各教科を通して，どんな資質・能力を育成していきたいのか具体的にしていきましょう。

⭐ 学習評価の充実を図るために

　学習評価の充実を図るには，子どもが学習したことの意味や価値を実感できるようにすることが大切になります。そのため，子ども自身が自らの変容や成長を実感したり，目指すべき目標に向けて，自らの学習を調整したりすることができるようにするなど，教師が指導の工夫を行っていく必要があります。以下に，指導の工夫のポイントを示します。

❶ 単元や授業の導入で，目指したい姿や身につけたい力について共有する

　普段から授業の導入で，「めあて」や「目標」を子どもたちと共有すると思います。その際に，「今日は，どんなことができればいいのかな」「この授業の中で，どんなことができるようになりたいかな」等，子どもと一緒に話し合いながら授業の目指す方向性を定められるようにしましょう。そのようにすることで，授業の終わりに，今日の自分はどうだったのか視点をもって振り返ることができ，成果や課題について考えることができます。時間数の長い単元であれば，単元の導入で目指したい姿や身につけたい力についてしっかりと話し合いましょう。また，教師も見取りがしやすくなり，子どもへのアドバイスも明確になっていきます。

❷ 自らの学びを自己評価できるような振り返りのプリントの工夫

　教師の評価する力だけでなく，子ども自身が自己評価できる力を養っていくことも求められています。そのため，振り返りの時間を大切にしていく必要があります。1年生という実態か

ら，振り返りを文章だけで書くことが難しい子もいると思います。そのため，文章だけでなく絵なども使って振り返りを行ってよいことを認めていきましょう。その際に，振り返りのプリントを工夫します。例えば，線が引いてあって字だけかけるプリント，白い枠のみで自由にかけるプリント，白枠と線が引いてある部分が半分ずつになっているプリント等，自己選択・自己決定できるようなプリントの準備をしておくと子どもたちは，自分のかきやすいものを選び，率先して学びを振り返るようになります。

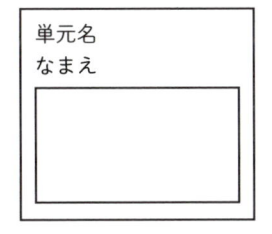

また，自分の学習の成果を実感できるようにするために，達成度を可視化することも考えられます。例えば，生活科の「じぶんで できるよ」の単元で，「家族を笑顔にしていこう！」という目標を全体で共有したとします。各々が自分の家族のために，玄関掃除や洗濯物たたみ等に取り組むと思います。そして，その活動がどのくらい家族を笑顔にできたのか自分で評価を行えるように，3〜4段階で活動を捉え直すことができるようにすることが考えられます。このときに気をつけることは，数値のみで振り返りを終えないことです。数値のみの振り返りは，なんとなく選んだという状態で学びが自覚化されません。そのため，選んだ数値に対して根拠を考えられるようにするとよいでしょう。文字を書くことが苦手な子には，直接声をかけて振り返りができるようにしましょう。学びを自己評価できるように数値化することで，教師も子どもの変容や成長が見取りやすくなるとともに，適切にかかわることができるようになっていくでしょう。

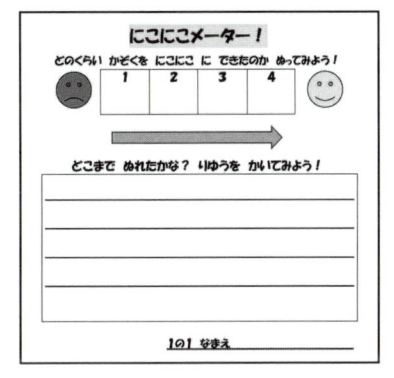

⭐ 評価したことは伝えていく

　評価したことは，しっかりと子どもに伝えることが大切です。教師から伝えられた評価によって，成果を感じて自信をつけたり，課題を感じて次の活動に見通しをもったりすることができるからです。それは，授業内だけでなく，学期末の通知表も同様です。特に通知表を渡すときには，学習や生活の◎○△だけでなく，学び方や学んだ過程，がんばっていたこと，子どものよい点等を詳細に伝えていきましょう。

【参考文献】
● 文部科学省国立教育政策研究所教育課程研究センター編著『発達や学びをつなぐスタートカリキュラム』学事出版

9月

気になる子への対応②
特別支援

小原　広士

　子どもが気になる行動をとる場合，その背景には悩みや苦しみが隠れていることがよくあります。そうした子どもたちを支援するためには，以下の2点が重要です。

❶ 気になる行動の背景にある子どもの苦しみを理解する

　子どもが特定の行動をとる背景には必ず理由があります。多くの場合，それは子どもが何らかのストレスや悩みを抱えているからです。子どもはその苦しみから逃れるために，行動を通して表現しているのかもしれません。教師として，その行動の原因を理解するためには，「この行動には○○のような理由があるかもしれない」と考えながら，子どもの背景に目を向け，その子に合った支援を講じることが大切です。

❷ 子どもの望ましい行動を引き出すための褒め方

　子どもを褒めることで，次も同じように「よい行動」をしてほしいという期待を伝えられます。特に支援が必要な子どもには，適切に褒めることで行動を促進できます。褒める際には，どの行動が「よい行動」なのかを子どもにしっかり伝えることが大切です。具体的には，聞き取りやすい声で，ジェスチャーを交えて伝えることで，子どもが理解しやすくなります。褒めることで，その行動が「強化」され，次の機会にも再びその行動をとりやすくなります。以下の三つのポイントを意識して褒めると，行動がより確実に定着します。

〈名前を呼んで褒める〉

　子どもは，名前を呼ばれないと自分が褒められていることに気づかないことがあります。まずは「○○さん」と名前を呼んで子どもの注意を引き，その後で褒め言葉を伝えましょう。

〈すぐに褒める〉

　1年生の子どもたちは，記憶が曖昧になることが多いため，あとから褒めてもその行動を覚えていない場合があります。そのため，褒めるタイミングは「その場ですぐ」が基本です。

〈具体的に褒める〉

　「すばらしい」「いいね」といった言葉だけではなく，どこがよかったのかを具体的に伝える

ことが効果的です。例えば，「姿勢がきれいで，すばらしいね」「今のやり方がとてもよかったよ」など，具体的な内容を褒めることで，子どもは次回も同じ行動をとりやすくなります。

⭐ 授業中に立ち歩く子どもへのサポート方法

1年生の授業中によく見られる行動の一つに，立ち歩きがあります。この行動に対して，ただ「立ち歩かないで」「座りなさい」と指示するだけでは，効果がない場合があります。子どもが立ち歩く背景には，内面的な困難が隠れていることが多く，特に「学習内容が難しすぎる」ことが原因になることがあります。

学習が難しくて立ち歩いてしまう子には，次のような対応が効果的です。

❶ 子どもに合った教材や学習環境を整える

子ども一人一人の特性に合った教材や学習課題を準備することが大切です。例えば，ひらがなやカタカナの練習中に立ち歩く子どもは，文字の形をうまく認識できない，または正確に書けないことで苦労している可能性があります。このような場合は，視覚情報の処理能力が十分に発達していないか，視覚認知に困難を抱えているのかもしれません。

その対策としては，拡大文字を使ったプリントやカラフルなカード，異なるフォントを使った教材を用いると，見やすく，取り組みやすい環境を整えられます。また，書く際には線がはっきりとした紙や，より大きな文字を使うことも効果的です。こうした工夫で子どもが落ち着いて学習に取り組めた場合には適切に褒めて，座って集中する意識を強化していきましょう。

❷ 取り組みやすい内容を授業に取り入れる

もし，文字を書くこと自体に抵抗がない場合でも，文字の認識に課題がある場合には，タブレットやパソコンを使って，音声付きのデジタル教材を活用した授業を行うことが効果的です。視覚と聴覚を同時に使って学習できるため，学習のハードルを下げることができます。

このように，「立ち歩き」に限らず，他の気になる行動も，「子どもが苦痛を感じているのではないか」と想像しながら対応し，望ましい行動が見られた場合には，その行動を褒めて強化することが大切です。

【参考文献】
- 川上康則著『〈発達のつまずき〉から読み解く支援アプローチ』学苑社
- 小嶋悠紀著，かなしろにゃんこ。イラスト・漫画『発達障害・グレーゾーンの子がグーンと伸びた　声かけ・接し方大全』講談社

10月

曽根　朋之

今月の見通し

一斉授業の充実を図る

今月の見通し

学校行事	家庭との連携
● 運動会（スポーツフェスタ）	● 個人面談
	● 11月の学校行事の準備に関するお願い
学年・学級	**他**
● 秋の遠足	● 就学時健診準備
● 生活科校外学習（秋の公園）	● 幼小交流準備と実施
	● 11月の学校行事に向けた準備

　2学期も2か月目に突入し，学習が本格化してきます。個人追究型の活動や，ペアでの学習など少人数の活動も重要ですが，クラスという集団での学びも避けては通れません。一斉授業というと教師が一方的に話す様子を想像してしまいがちですが，子どもたち同士が活発にクラス全体で議論をしながら進めていく一斉授業も多く存在します。大人数の子どもと一人の大人という教室において，一斉授業が効率のよい指導法であることは確かです。1年生の折り返しの10月ですから，以下に示す「聞くこと」「話すこと」を意識して一斉授業の充実を図っていきましょう。

★ 「聞くこと」は「復唱できること」

　小学校国語科の学習指導要領では，低学年の「聞くこと」の指導事項に「エ　話し手が知らせたいことや自分が聞きたいことを落とさないように集中して聞き，話の内容を捉えて感想をもつこと」と示されています。一斉授業での活動になったときの最初のハードルは，指導事項の前半部分の「話し手が知らせたいことを考えながら聞く」ということです。まず，これがで

きなければ、「自分が聞きたいことを落とさないで聞くこと」はできませんし、「話の内容を捉えて感想をもつこと」もできません。

「話し手が知らせたいことを考えながら聞く」ことができるようにするために、とにかく「他者の話を復唱すること」を繰り返しましょう。誰かが話をした後に「〜さんは、どんなことを話していた？」と全体に聞いてみます。手を挙げて答えられる子どもは、大いに価値づけましょう。手を挙げない子、挙げられない子に対しては、近くの人と確認する時間をとってでも、手を挙げて何を話したかを必ず復唱できるようにします。ここで粘らないと、「手を挙げなくてもいい＝聞いていなくてもいい」という認識になりかねません。時間がかかっても、「他者の話を復唱すること」を行い、「話し手が知らせたいことを考えながら聞く」ことをしっかり身につけていきます。

★ 「言わされている話型指導」はしない

「聞くこと」の指導をすると同時に「話すこと」の指導も重要です。「話すこと」の指導は、声の大きさや速さ、姿勢、口形、発声、発音などの基礎的なものもとても大切ですが、それだけではありません。ここで重要視したいのは相手を意識した話型です。

話型指導において、教師が出した型に沿って言わされている話型では、あまり意味がありません。子どもたちの言葉をよく聴いていると、「〜じゃないですか」「〜だよね？」「〜でしょ？」のような相手意識をもった「投げかけ」が出ています。こういった相手意識をもった話し方は、右の写真のように教室の掲示として残していきます。他にも、「なぜなら」と理由をつけたり、「つまり」と要約したりする言葉など、子どもたちの話す言葉には相手意識が含まれた話型が無意識に入り込んでいます。子ども

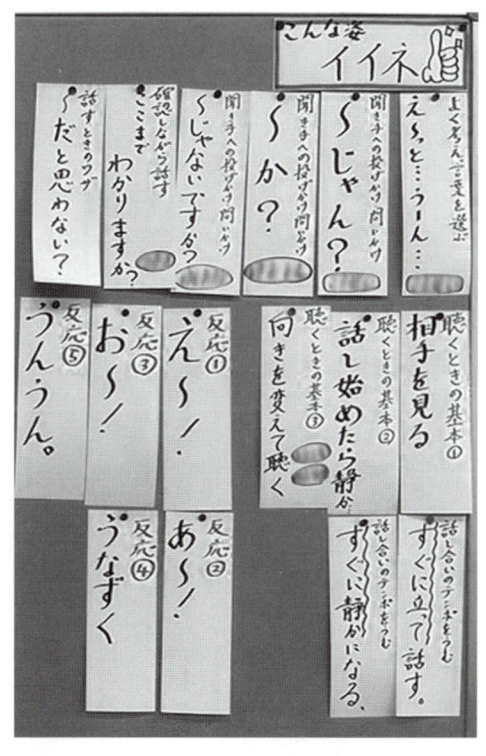

の話を聞きながら、このような言葉をメモしておき、掲示物にすることで、相手意識をもった話し方を意識できるようにします。聞きたくなるような話し方だと人は聞いてしまうものです。「聞くこと」の指導も重要ですが、話型の指導として、相手意識をもった話型を教師がよく聞き、価値づけることを意識していきましょう。

月4月 5月 6月 7・8月 9月 **10月** 11月 12月 1月 2月 3月

10月

学年の折り返しに勢いづく魔法の言葉

青木 大和

こんなときに…

自分の成長を振り返りながら，自分が理想とする２年生に向けて必要なものを探すための言葉かけです。

10月になると，いよいよ学年の折り返しとなります。学校生活にもおおよそ慣れ始めているころでしょう。一方で，教師と子どもの間に一定のマンネリ化が生まれてしまう時期でもあり，子どもが目標をもって新たなチャレンジをしようとしないことがあります。

指導の意図

学年が折り返すということは，「現在の学年に慣れる段階」から「次の学年の準備をする段階」へとゆるやかにステップアップしていくことになります。しかし「○○できない人は２年生になれないよ！」や「もう１年生もあと半分なのに，こんなこともできないの！」，「幼稚園からやり直しますか」などと，高圧的な声かけ（毒語）をしてしまうと，子どもたちはどんどん委縮してしまい，先生にとって正解の行動とは何かを考えるようになります。そして子ども同士で「できない子パトロール」が始まるのです。

大切なことは，理想としている２年生像はどのような姿なのかを明確にできるように支援し，そこに向かって残りの時間で何ができるかを考えられる声かけをしていくことです。

お話

●「○○さんはどんな２年生になりたい？」

いよいよ１年生も折り返しです。少しずつ子どもが進級を意識できるような仕掛けが必要となります。そこで，まずは，子ども一人一人の理想像を明確にしていくような声かけをしていきます。それまで小学校生活に慣れることが目標だった子どもたちは，この一言で進級を意識するようになります。ペア学年や縦割り活動などで上級生の姿を目にしているでしょうから，

それぞれの活動を想起できるよう活動の様子やかかわっている様子の写真などを提示しながら考えていくと，子どもたちの理想像ははっきりしていくでしょう。

●「今の自分はどこにいる？」

　理想の自分の姿を明確にできたら，今の自分の位置を確認していく声かけをします。図工などで自分マークなどをつくっていたら，２年生までの道のりをつくり，ゴール（理想の２年生像）に対して今自分がどの辺りにいるかを尋ねます。もしくは点数化し，理想の２年生の姿が100点だったら，今自分は何点なのかを尋ねてもよいでしょう。これはソリューション・フォーカスト・アプローチというカウンセリングの一つの手法です。

　この手法で大切なのは，現在地点までの自分にも焦点を当てていきながら，到達までの見通しをもつことです。例えば，「理想の２年生が100点なら，今の自分は何点？」と尋ねます。「40点」と答えるとしましょう。そこで「素敵だね。その40点は何ができるようになったの？」と問い返していきます。最後に「残りの60点は何をしたらよいかな」などと聞いていき，自分の目標を明確にしていきます。このような取り組みは，定期的に行うと効果が高まります。少し期間を空けたら，再度子どもたちに尋ねてみましょう。

●「今の行動で理想の２年生に近づいたのではないかな！」

　子どもが理想の自分を意識した行動をつぶさに見取り，適切な声かけをすることが大切です。特に自分で理想の２年生像に向かうように考えて行動している子どもには，「○○さんが考えていた理想の２年生に近づいたのではないかな！」や「自分に１点プラスしてあげてもいいんじゃない？」などと声をかけましょう。

　また，「今から○○さんがどんな２年生になるのか楽しみだなぁ」とボソッとつぶやくのも効果的です。過度に全体に共有したり，繰り返し伝えられたりすると，子どもにとってプレッシャーになったり，わざとらしくて言葉に重みが出ません。子どもの実態に応じて，伝える頻度や伝え方を考える必要があります。

●「○○さんのおかげで，先生は助かっちゃった！」

　誰にとっての理想かといえば，当然自分自身の理想であるべきです。その理想の姿が誰かにとっても望ましい姿であったとしたら，それに越したことはありません。ですから，子どもが自分の理想の姿を意識した行動をした際，教師はＩ（アイ）メッセージとして，「私は，○○さんの行動によって助けられたよ」と声をかけることも大切です。そのことで，自分の理想は誰かにとっても前向きに働くものなのだと子どもたちが気づくきっかけとなります。

　また，主語を「学級」にしてもよいです。理想の学級とは何か，自分たちは今どの位置にいて，何ができて，何ができるようになりたいのか，子どもたちと考えていきましょう。

10月

2学期に大切にしたい生活指導

長田　柊香

★ 「リセット」をポジティブに受け止めて

　夏休みが明けると，「子どもたちが，1学期にできていたことができない」「すっかりリセットしてしまった」という声をよく聞きます。長い休みを通して，忘れてしまったことも多くあるでしょう。しかし，そんな「リセット」も見方を変えれば「チャンス」になります。1学期にあまり子どもたちに浸透していなかったきまりがあればいったんなくしたり，指示が曖昧になっていたきまりがあればもう一度明確に伝えたりして，学級のきまりを再確認することができるでしょう。子どもたちの「できない」に目を向けるのではなく，先生自身もいい意味でリセットして，年度の後半をスタートすることが大切です。

★ 先生自身の基準は変わっていないか？

　「この間は特に気にならなかったのに，今日は気になって怒ってしまった」「あの子には言わなかったのに，この子には注意してしまった」……このように，指導する基準が変わってしまったことはないでしょうか。恥ずかしながら，私は今でも時々あります。「人間だもの」と思いつつも，やはり先生の基準が変わることによって子どもたちを振り回してしまうことは避けたいですね。

　自分自身の基準を変えないためには，無理のないきまりを設定することが大切です。例えば，授業中は静かに挙手をし，指名されたら発言するというきまりをつくっている先生は多いと思います。特に1年生の場合，「ハイ！　ハイ！」と大きな声を出しながら手を挙げる子どもが多いので，騒がしくなりすぎないためには静かに手を挙げさせることも重要です。しかし，それでは子どもたちの純粋な考えやつぶやきが出てこなくなってしまいます。私は，ある程度の声出しは許容しつつも，なるべく均等に当てることを意識することで，「大きな声を出さなくても先生は当ててくれる」という意識をもたせるように心がけています。基準がぶれているなと感じたら，自分にとって無理のない基準はどこなのか，見直してみましょう。

2学期に行いたい具体的な生活指導

学校生活にも慣れ，少しずつゆるみが出てくる2学期。1学期に指導したことを定着させつつ，少しずつレベルを上げていきたいものです。

❶ 整列のスピードアップを目指そう

教室移動の際の整列も，慣れてくるとダラダラしがちです。並び終わるまでのタイムを計ってゲーム性をもたせる，早く移動できたことで長い時間活動できたなどのよさを実感させる，といった工夫をして，テキパキ行動する習慣をつけましょう。

❷ 指示を「声がけ」から「黒板（またはホワイトボード）」へ

1学期の間は，次にやることなどの指示を丁寧に説明していたと思います。次のレベルに上げるために，声がけを減らして黒板やホワイトボードに書いてみましょう。「みんなが話をしっかり聴けるようになってきたから，レベルアップするよ」などと言うと，子どもたちも挑戦する気持ちになるかもしれません。

□忘れていて当たり前。もう一度思い出す

長い休みの間にリセットされてしまうのは当然のことです。そんな中でしっかりきまりを守ろうとしている子がいたら大いに褒めて，もう一度全体で思い出しましょう。

□先生自身の基準も適宜見直す

先生の基準がぶれてしまうと，子どもたちも困惑し学級の乱れにつながります。自分が無理なく続けられる基準を見出し，徹底することを心がけましょう。

学級づくりのポイント

授業づくりのポイント

10月

校外学習の留意点

橋本　智美

★ 校外学習の計画

　校外学習は，学校の外に出て実際に体験したり本物に触れたりしながら学習をすることで，子どもたちにとって貴重な経験や学びを生む機会です。校外学習での学びが充実したものになり，そして安全に行われるために念入りに計画を立てる必要があります。

❶ どこに行って何をするか？

　まず，どこに行って何をするかの計画を立てます。子どもが「学校の外でももっと秋を見つけたいな」などと思いや願いをもったならば，その願いを叶えることができる環境選びが大切です。そこで，行く場所を厳選するための視点に気をつけて選びます。

〈場所選びの視点〉

□学校からどれくらいの距離か　□行き帰りを含めて学習に十分な時間がとれるか

□目的が達成できる環境や体験があるか　□移動方法はどうするか

□集合・休憩する場所はあるか　□使用の許可や予約は必要か

---

❷ 下見を通して子どもたちの動きを想定する

　場所が決まったら，事前に引率する先生と下見に行っておくと，安全に，そして教師も子どもも安心して校外学習を行えます。下見で確認したいことは以下の通りです。

〈下見で確認したいこと〉

□道路の様子（徒歩で行く場合は，歩道の様子，交通量，横断歩道の有無など）

□現地に行くのに実際にかかる時間（事前に計っておくと見通しが立ちやすい）

□道中や現地のトイレの場所，トイレットペーパーの有無

□現地での集合場所，荷物置き場，雨天時の避難場所

□危険箇所の有無（死角になる場所やハチの巣，水辺など）　□時計の有無
□現地の管理人や事務所との連携（訪問日時や人数の確認，注意事項や緊急時の対応）
□バスの駐車場や乗降場所の確認

　下見に行った際に様々な箇所の写真を撮っておくことで，事前学習に用いることができます。

⭐ 子どもがわくわくする仕掛け

　校外学習に向けて丁寧な準備は必要ですが，子どもたちが達成感を味わうためには一緒に準備をしていくことも必要です。

❶ 見たい！知りたい！どうして？を一緒に考える

　校外学習に行く前に，「どんなことを見つけたいかな。どんなはてなをもっているかな」と，子どもの思いを引き出し，話し合う時間を設けます。「私はウサギが大好きだから見たいな」「公園には学校にない秋があるのかな？」など，子どもの思いを学級や学年で共有しながら，楽しみな気持ちを板書などに整理することで活動の目的をもつことができます。

❷ しおりやワークシートを工夫する

　また，この思いや願いを受けてしおりやワークシートを工夫することもできます。
- お気に入りの〇〇を絵で描こう（動物・遊具・植物など）
- お気に入りの〇〇 TOP３は？（動物・乗り物・標識など）
- 〇〇を見つけようビンゴカード（事前に教師が作成しておくとよりよい）
- お気に入りの葉っぱを写し絵にしよう
- 行った人しかわからないクイズ（ウサギの左にいる動物の名前は何でしょう？　など）

　このようなワークシートやしおりのページを設けることで，校外学習から戻った後の交流や振り返りに生かすことができます。また，必要に応じてタブレット端末を持っていき写真を撮ることも考えられます。

❸ ルールも一緒に考える

　校外学習は集団行動やマナーやルールを実践できる絶好の機会です。教師が注意するばかりではなく，子どもが自分で考えて行動できるように，事前にルールを一緒につくる場面を設けます。「歩くときは２列で間を空けない」「合図があったらすぐに並ぼう」「挨拶をすると気持ちいいね」「お弁当は班のお友達と食べよう」など，自分たちでルールを決めることで，子どもたちも行く前から活動をイメージしやすくなります。

学級づくりのポイント

授業づくりのポイント

11月

今月の見通し

1年生で身につけるべき「書くこと」

曽根　朋之

今月の見通し

学校行事	家庭との連携
● 学習発表会	● 個人面談
● 学芸会・展覧会	● 秋の学校行事に関するお願い
● 音楽会	
	他
学年・学級	● 個人面談の計画表作成
● 秋の学校行事の準備や練習	● 通知表の所見作成
● 係活動の充実	● 通知表の成績作成
● 読書活動の充実	● 行事紹介号のおたよりや招待状づくり

　11月は学習発表会のような学校行事がある学校も多いでしょう。学習面では，ひらがな・カタカナ・漢字を覚え，少し長い文章を書くことも多くなります。行事での体験を文章にしたり，行事へ招待するためのお手紙を書いたりするような活動を計画することで，行事と学習をリンクさせながら進めていきます。11月は1年生に対する「書くこと」の指導に注目していきます。書きたいことを見つけ，取材し構成を考え，細かい表現に注意してようやく書けたと思ったら，推敲してまた書き直す「書く」という作業は，根気が必要です。何の指導もなく教師に「書きなさい」と言われて，簡単には書けるものではありません。1年生がどのような「書くこと」の技能を身につけていけばよいのかを丁寧に考えていきましょう。

★ 1年生で身につけるべき「書くこと」と指導法

❶ とにかく「質より量」

　この時期の1年生に求めたいことは，とにかく量をたくさん書けるようにすることです。量

をたくさん書けるということは，書きたいことがたくさんあるテーマを設定する必要があります。そのため，大きな学校行事が終わった後や，クラスで何かおもしろいできごとがあったときなど，書きたいと思うときを逃さず書く時間をとりましょう。文章の量が伸びることは目に見えてわかるので，たくさん書けるようになったことの価値を伝えていきましょう。

❷ 低学年で身につけるべき「書くこと」の技能

　文章を書いたら書きっぱなしにはせず，書いて1週間くらいたったら読み返す時間をとります。声に出して，クラスの友達に向けて読み上げることも効果的です。時間がたった後に読み上げると，文章を書きたてのときには気づけない間違いに自分で気づけることも多くなります。
　しかし，「どこまで直せばいいのか」と悩む先生も多くいるでしょう。学習指導要領では，低学年の「書くこと」において以下に示したような身につけるべき技能が示されています。

---

(1)カタカナで書く語　　(2)長音（例：×おとおさん　→　○おとうさん）

(3)促音（例：ラッパ）　　(4)拗音，撥音（例：びょういん，ぜんいん）

(5)助詞（例：ぼくは，学校へ行く。）　　(6)かぎ「　」（使い方の理解）

(7)句点・読点（主語・接続詞・文のまとまりにつける）

(8)主語・述語（主語と述語の組み合わせ）　　(9)敬体（丁寧な文末にする）

(10)語や文の続き方（例：×手袋を着る。　→　○手袋をつける。）

---

❸ 悪文を推敲し，着目するポイントを体験的に学ぶ

　上記で示した10の身につけるべき技能を伝えただけでは，なかなか自分で推敲できるようにはなりません。右の文章のように，この項目をわざと間違えた文章を子どもたちが推敲する活動を行い，推敲のときに着目するポイントを体験的に学びます。このような経験があると，自分の文章を友達に向けて読み上げたときに，修正を始める子，書き直したいと紙をもらいに来る子が現れるでしょう。教師が添削するのではなく，自分で気づきながら推敲できるようにするとよいです。

わたしたちわ、がくしゆうはっぴょうかいでくじらぐものげきをしました。じぶんでつくったオリジナルいしょうのズボンをきて、すてーじにあがると、おかあさんとおとおさんがみえました。「おーい」といって、てをふりました。わたしのもくひょうは、おおきなこえでじぶんのせりふをいいました。ドキドキしたけど、とてもたのしかったです。

【参考文献】
● 曽根朋之・茅野政徳監修，安藤浩太・佐野裕基編著『「まったく書けない」子の苦手を克服！教室で使えるカクトレ 低学年』東洋館出版社

11月

読書にきっかけを！
子どもが本を手に取りたくなる
ひと工夫

青木　大和

⭐ 「読ませる」のではなく「読みたくなる」環境の整備を！

　平成13年12月に「子どもの読書活動の推進に関する法律」が公布・施行され，国や地方自治体は子どもたちがあらゆる機会で読書をすることができるような環境を整えていくことに努めていくことが求められています。様々な書籍や論文等で，読書の効果は訴えられていますが，子どもたちが「読まされる」ようでは，持続的なものにはなりません。子どもたちが「読みたくなる」には，どのような取り組みが効果的なのでしょうか。

⭐ 子どもたちの自由な発想に火をつけよう！

　「積極的に読書をさせたい！」と願ったり，「うちの子，本を読まなくて……」と保護者から相談を受けたりしたことはないでしょうか。子どもたちが様々な本に触れることは必要であると多くの先生方が感じているはずです。

　一方で，「本を読みましょう」と声をかけていくことや国語の時間などに図書室を利用する程度では，子どもたちが意欲的に読書をするのは難しい場合があります。そこで，子どもたちが自ら読書の必要性を実感できるような活動を1年生段階から仕組んでいくことが重要です。

● 図鑑クイズをつくろう！

　この活動は科学的な読み物を読むことを促すのに効果的です。例えば，植物の成長にかかわる図鑑や生き物の知恵を説明している図鑑などを教室に置き，そこに教師が作成したクイズを掲示しておきます。子どもたちは答えを求めて，読み進めていくことでしょう。正解できた子どもに，次の作問者の権利を与えるようにします。

　作問者が増えてきたら，自分で借りてきた図鑑や物語でもクイズを作成してよいことにします。作問用紙を教室内に置いておき，いつでも書けるようにしておきましょう。国語の学習において，問いと答えの関係を捉えられる学習をすると，より意欲的に取り組むことができます。

● 1年○組　教室図書館大作戦！

　図書室のように，教室にもたくさんの本を置いておく取り組みです。しかし，図書室の本を置くわけではありません。すべて子どもたちが自作した物語を置くようにするのです。

　その際，「『おおきなかぶ』　もしも，かぶがぬけたあとのはなしがあったら……」など，読んだ本をもとに「もしも○○だったら」という想定でお話を創作していくようにします。本棚には作者欄を設け，創作した子どもを作家として名前を載せていくようにします。

　教師が手本となる物語を置いておくと，見通しをもって取り組むことができるようになります。

● 登場人物に手紙を書こう！

　子どもたちに，幼児期から現在に至るまでお気に入りの家庭にある本を持ってくるように促します。その際，保護者に協力を仰ぎ，子どもが保護者にその本を購入した理由や本を読んでいたときの様子などを聞くようにします。

　過去の自分の様子を知ったうえで，あらためてその本を読み返し，登場人物に手紙を書きます。「○○へ　3さいのころのぼくは，○○がともだちを大せつにするところがすきだったみたいだけど，いまのぼくは……」のように，手紙を書くことで，過去の自分の感じ方と比較したり，保護者の思いを受けて読み返したりするようになります。

● 挿絵でお話を考えよう！

　絵本の中には，『かさ』（太田大八　作・絵／文研出版）のように，挿絵だけの絵本があります。そのような絵本の物語を考える活動を行います。低学年の子どもの「ごっこ遊び」などを見てみると，即興的に物語を創造することに抵抗が少ない場合があります。タブレット等で挿絵を録画しながら，音声を吹き込む形で物語を紡いでいきます。

　作成した作品は，学級の共通フォルダなどに格納し，子どもたちがいつでも観られるようにします。まずは「桃太郎」など多くの子どもが知っている昔話の挿絵を用意し練習すると，スムーズに行うことができるでしょう。

● 新1年生におすすめブックコーナーをつくろう！

　11月は少しずつ，進級や新入生の入学を意識する時期です。新1年生が楽しく図書室を利用できるようにすることを目的とし，新1年生におすすめの本を探して，紹介する活動を行います。

11月

音楽発表会の指導

橋本　智美

⭐ 発表会に向けた日々のちょこっと指導

　音楽発表会は，子どもたちが音と心を合わせて演奏する姿を保護者や地域の方に見せる機会であり，子どもたちはみんなで音楽を創ることで達成感を味わうことができます。学校にもよりますが，1年生は合奏・鍵盤ハーモニカ奏・歌・オペレッタなどを発表することが多いでしょう。しかし，この行事に向けた短期間の練習では完成度を上げることは難しいです。音楽の授業の時間に加えて，音楽の時間以外である朝の会や帰りの会を利用して，「音楽に触れる」ちょこっと指導を継続して行うことが大切です。一日のうち，どこか1回だけでも，歌を歌ったり，演奏をしたりすることで，少しずつ技能を高めることができます。指導の内容は以下のような簡単なものでよいです。

- 歌を歌うときの立ち方（足を肩幅に開く・手は横に）
- 息継ぎのタイミングや出だしのタイミング・声色をみんなでそろえる
- 音を伸ばす長さを確認する
- メトロノームをよく聴いて，合わせて演奏する
- 声や音の強弱をつけたり，元気な声や悲しい声で歌ったりする（表現して歌う）
- 先生の指揮が止まったら，歌を止める

⭐ テーマと曲決め

　音楽発表会が近づいてくると曲決めを行います。曲数や難易度，練習の時間をどれくらいにするかにもよりますが，約2か月程度はかかると思って練習をするとよいでしょう。曲を決めるために大切になるのが発表のテーマや目標決めです。

　発表の内容は，学年目標・子どもたちの実態・これまで学習してきたことなどをもとに決めていきます。生活科と関連させた秋の曲や学校探検にかかわる内容，国語科と関連させた物語

（くじらぐもやおむすびころりんなど）の曲などの教科と関連させたものや，子どもたちの興味・関心のある曲など，内容も様々あります。ここで気をつけなければいけないのが難易度です。教科書には1年生の発達段階に合わせた曲が掲載されています。教科書と同じ程度の難しさを意識して選び，あまり背伸びをしないことが大切です。

　テーマを子どもと一緒に決めることは難しいかもしれませんが，目標は一緒に決めることができます。「かっこいい演奏にしたい」「おうちの人を感動させたい」と，これまでの経験をもとにがんばりたいことを出し合い話し合う場を設けます。発表会に向けてがんばりたいことを掲示しておくのもよいと思います。

⭐ 役割決めと演出

❶ 練習と役割決め

　合奏では，まず全員がある程度鍵盤ハーモニカの演奏ができるようになることを目指して練習します。何小節かずつ音をとりながら，ゆっくりのカウントで少しずつ練習していきます。曲を何度も聴きながら繰り返し練習することで，子どもが曲の全体像をつかむことができます。

　楽器や役割を決めるときには，どのようなルールで決めていくのか，どのような基準で決まるのかを子どもたちに事前に伝えておき，子どもたちが納得感をもって決まっていくことが大切です。例えば，「基本的には自分がやりたい楽器を選ぶが，希望人数が定員より多い楽器に限り，オーディションを実施する。オーディションは，曲を鍵盤ハーモニカですべて演奏できる人で，決められた部分の演奏をメトロノームに合わせて，リズムよく演奏できている人から順に選ばれる」のようにします。子どもたちは，知っている楽器をやりたがります。見たことのない楽器のおもしろさや，低音パートの重要さなどをあらかじめ楽器紹介として伝えておけば，子どもの希望の集中を防ぐことにつながります。

❷ 演出

　3曲演奏する場合，入場→演奏①→演奏②→演奏③→退場というのがオーソドックスな流れです。もちろん子どもたちの演奏で十分ですが，もし余裕があるのなら少し演出を加えると，より楽しい発表になります。

　演奏中の演出としては，①曲の間奏で場所移動をする，②歌の部分で手拍子や動作を加える，③ソロパートやグループ奏をつくる，④演奏している楽器だけ立つ（みんながそちらを向く），⑤曲の間に発表やクイズを入れる，⑥衣装を身につける，のようなものがあります。また，演奏する場所の工夫もできます。①何人かがお客さんのすぐ前に立つ，②全員でお客さんを囲う，③入場しながら歌う・演奏するなど会場全体をステージとして使うことも考えられます。子どもたちが考えた目標を達成できるよう工夫すると，より楽しい発表になります。

11月

学習発表会の指導

橋本　智美

⭐ 構成のポイント

　学習発表会は，学習で学んだ成果を発表する行事です。１年生では，国語科の音読や劇，生活科での秋遊びや学校探検で見つけたことの発表，体育科の跳び箱運動やマット運動の発表など，様々な教科と関連させた発表が多くなされます。構成は，入場・はじめの言葉→発表→終わりの言葉・退場というのが一般的な流れだと思います。一人一人が活躍し，みんなで創り上げたと感じる発表になるように，まずは構成を工夫することが大切です。

❶ 登壇する人数を変える

　全員が登場する場面とグループが活躍する場面を効果的に取り入れるようにしています。

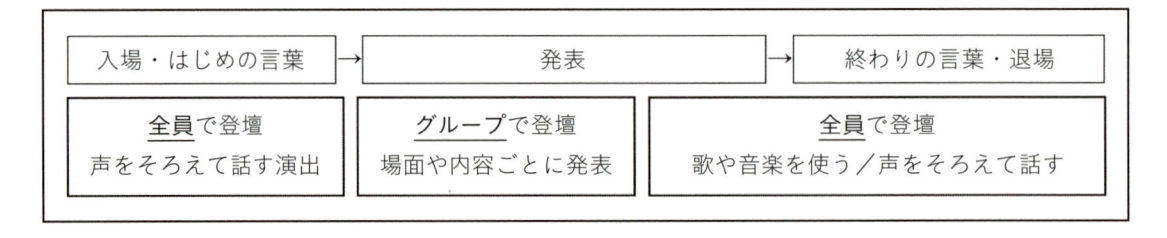

入場・はじめの言葉	→	発表	→	終わりの言葉・退場
全員で登壇 声をそろえて話す演出		**グループ**で登壇 場面や内容ごとに発表		**全員**で登壇 歌や音楽を使う／声をそろえて話す

　こうすることで，一人一人のセリフ量を確実に確保できると同時に，グループの部分は自分たちで発表を工夫できるようになります。グループの部分をつくることで，毎回全体で集まらなくてよいので練習もしやすくなります。全体の部分は，子どもたちの学習の中での発言や振り返りを参考にしながら教師が台本を作ります。

❷ 音楽を取り入れる

　場面が転換するところやグループが入れ替わるところで，音楽科の学習で学んだ楽器を演奏したり，短い歌を歌ったりすると間延びするのを防ぐことができます。また，学習して学んだことを替え歌にして歌ったり，テーマに合った歌をバックミュージックとして流したりするのも子どもの活躍の場を増やし，思いや考えをより伝わりやすくします。

学級づくりのポイント

振り返りでレベルアップ

　発表会に向けて同じ練習を繰り返すと，だんだんマンネリ化してきます。そういうときは，いくつかの振り返りを繰り返すことで発表のレベルを上げることができます。

❶ 発表のポイントを点数化して振り返り

　何かの発表をグループごとに行う場面では，発表のポイントを点数化し，子どもにフィードバックします。まず，子どもたちによりよい発表のポイントを提示します。これは，子どもたちと一緒に考えてもよいです。

　「先生が，お客さんになったつもりで発表を聞くよ。全部で25点のうち，23点とれたら合格！」などと目標を設定し，練習を繰り返します。教師は，何度もグループの様子を見に行き，「○○さんの○○のセリフの言い方に気持ちがこもっていたから4点！　もっと○○になったら5点になりそうだよ」などと，具体的に評価をしていきます。そうすることで，子どもたちは修正点を明確にしながら，発表の練習をしていきます。「⑤チームワーク」は，少し曖昧な視点ですが，「○○さんがみんなのために声を出そうとがんばっている！　みんなの温かい声かけのおかげだね」などと言いながら，協力する姿や苦手なことに向かおうとする姿を評価できるようにあえて設定しています。

はっぴょうのポイント　めざせごうかく23点！	
①こえの大きさ	5点
②はっきりとしたこえ	5点
③気もちをこめる（よくよう）	5点
④うごきをつける	5点
⑤チームワーク	5点

❷ 見て・見合って・見てもらって振り返り

　体育館などで通し練習が始まれば，発表の様子を動画で撮影し，教室で鑑賞して振り返りをします。振り返りでは，うまくできなかったことがフォーカスされないように，「お友達の真似したいところを見つけよう」と声をかけます。また，事前に設定した目標やテーマに沿っている発表になっているかを振り返ることも大切です。他にも，2年生など上級生の発表を見せてもらう，自分たちの発表を見た感想をもらうことも，子どもたちの意欲を高める振り返りになります。さらに，幼稚園や保育所の年長さんに学校に来てもらい，事前の発表を見てもらうことも子どものやる気を高めることにつながります。

　振り返りを繰り返すことで，できるようになってきたと自分の成長を自覚できるようになります。そこで，がんばってきたことを言語化し，保護者に向けた招待状を作成します。裏面には，「おうちの人からのメッセージ」を書いていただくようお願いします。メッセージを読むことで，子どもたちは「がんばってよかったな」と達成感を味わうでしょう。

| 4月 | 5月 | 6月 | 7・8月 | 9月 | 10月 | **11月** | 12月 | 1月 | 2月 | 3月 |

11月 個人面談のポイント

横田　典久

⭐ 個人面談の目的と事前に準備すること

個人面談には，いくつかの目的があります。

---

①子どもの学校や家庭での様子を共有する
②子どもの家庭環境を把握する
③保護者の学校への要望を直接うかがう

保護者会の前後や電話等で確認・把握できるものもありますが，個別に話をする個人面談では，普段見えないものが見えることが多いです。時間がなくなってしまった，世間話で終わってしまった，ということがないように事前の準備をして臨みましょう。

①③については，まず，保護者の声を引き出し，「聴く」ことを大切にします。対話をしながら，自然と子どもの様子や学校への要望を引き出すことができるとよいでしょう。

- 本日は，お時間をとっていただきまして，ありがとうございます。入学から半年ほどたちましたが，お子様の様子はいかがですか？
- 学校の様子については，おうちでお話していますか？
- 先日の音楽会では，非常に意欲的に取り組んでいましたが，何か話をしていましたか？
- 最近，どの子と遊んでいる話をしていますか？
- 学校生活で，お子様や保護者の方が心配していることやわからないこと等はございますか？　何かございましたら，遠慮なくおっしゃってください。
- 誰にでも優しくかかわることができる姿が，とても素敵だと思っています。時々，朝の時間帯に元気がないことがありますが，何かご存じのことはございますか？

こちらが一方的に話をしていないか，相手を責めるような言い方になっていないか十分に気をつけて，笑顔を絶やさずに，話を聴きましょう。「保護者から聴くこと」と「担任として話

すこと」は，８：２くらいの割合で考えるとよいでしょう。

　②については，「家庭環境調査票」によく目を通しておくことが大切です。そのうえで，

- 子どもの学童の利用状況はどれくらいか
- 登下校時の状況や，帰宅後，子どもが一人で留守番をする等のケースが生じることはあるか
- 保護者の連絡がつきやすい時間は何時ごろなのか

これらのことを確認することで，安全面についての情報を正しく把握することが重要です。

　また，個人面談を行う前には，普段の子どもたちの様子や保護者とのやりとりについてまとめましょう。例えば……

- 授業や生活の中で素敵な姿をまとめる
- 授業や生活の中で心配なことや気になることをまとめる
- 今後の指導方針などについてまとめる
- 以前相談にのった内容などを確認し，進捗状況をまとめる

　対象の子どもの様子だけでなく，保護者の方とのやりとりについても個人面談前に確認を行うことで，保護者の方に安心感を与えることができます。さらに現在は，Form を活用して，保護者が事前に話したいことや教師に聞きたいことなどを確認することができます。得られた情報をもとに，どのような話をするのか具体的に考えておきましょう。

⭐ 気をつけること

　個人面談の際に，保護者からいろいろなご意見をいただくことがあります。特に，学校や同僚教師の対応について等が挙げられます。そういった場合は，「そうでしたか，大変ご迷惑をおかけいたしました。今後ご迷惑をおかけしないように，学校で共通理解を図り，改善を図っていきたいと思います」とその場で答えます。ご意見いただいたことは，学年や管理職と情報共有を行い，どのように対応するのか，検討していきましょう。同僚教師への不満は，いったん受け止め，事実確認を行い，どのように対応するのか検討を行うことが大切です。保護者の話だけを鵜呑みにせずに，学校として対応できるようにしていけるとよいでしょう。

　また，「あの子は……」とか「あの家のお母さんは……」という噂話や特定の誰かを批判するような内容については，「そのような話は，周りの人は，あまりよい気持ちにならないと思いますので，控えてくださいね」と伝えるようにしましょう。難しいようであれば，「○○さんは，そのように感じられているのですね」と一言だけ相づちを打つにとどめ，すぐに話題を変えるようにしましょう。意見を求められても，決して回答してはいけません。

　どのような話であっても，最後には，個人面談のために時間をとっていただいたことに感謝の気持ちを伝えられるようにしましょう。

12月

今月の見通し

日々の様子を見取るための工夫と個人面談での伝え方

曽根　朋之

今月の見通し

学校行事
- 終業式

学年・学級
- 冬休みの宿題
- ２学期の振り返り
- お楽しみ会（学級活動）
- 大掃除
- 生活科の家庭学習
- 学習用具の計画的な持ち帰り指導
- ３学期の使用教材の確認と注文

家庭との連携
- 個人面談
- キャリアパスポートの共有
- 家庭学習のチェック（冬休みの宿題）
- 生活科の家庭学習の依頼

他
- 通知表の所見や成績作成（成績処理）
- 掃除道具・給食道具の点検や補充
- 新１年生保護者会の準備

　クラス，個人で課題が見えてくる時期です。個人面談などで保護者に伝えられるように，ここでは日々の様子を見取るための工夫と個人面談での伝え方を考えていきましょう。

⭐ 日々の様子を見取るための工夫

　個人面談では，学校での日常の様子を具体的に伝えられるようにしたいところです。しかし，大人数の子どもたちを教師一人が毎日細かく見取ることは簡単ではありません。子どもごとに日々の記録をメモできればよいですが，忙しい中で続けるのは難しいことではないでしょうか。

　そこで，日々の様子を見取るための第一歩として「名前を呼んで挨拶」を徹底します。学校生活の中で，子どもに挨拶をしても返ってこない場面を目にすることがあります。様々な理由があるかもしれませんが，自分に言われている認識がない子が多いです。「〇〇さん，おはよ

う」と名前を呼んで挨拶をすることで，誰への挨拶なのかを明確にしつつ，教師がその子をちゃんと認識しているということも示します。このような「名前を呼んで挨拶」を毎日全員とするだけで，一日一回は全員とコミュニケーションをとることになり，その子に対する気づきが増えていきます。また，そのために，子どもが来る前には準備を終えて教室にいること，入口付近に教師机を置くことなどの環境設定も整えておきましょう。日々の様子を見取るための工夫をすることで得た気づきを増やすと，個人面談で伝えられることが自然と多くなります。

⭐ 個人面談での伝え方

❶ 単刀直入に問題行動を話さない

　気になる行動や言動が多い子の場合，個人面談で学校での問題行動ばかりを中心に伝えてしまうケースがあります。保護者は，自分の子どもを長く見ているので，大体の様子が想像できているものです。そこに追い打ちをかけるような話ばかりを教師からされると，保護者にとっては嫌な思いが残る個人面談になってしまいます。もちろん伝えるべきことはあると思いますが，個人面談は教師の鬱憤を晴らす場ではありません。よっぽどの案件でなければ単刀直入に問題行動を話すことは控えるとよいです。

❷ 困り事を話してくれるまで待つ

　個人面談での伝え方を具体的に考えてみましょう。例えば，宿題の未提出が目立つ子どもがいたとします。いきなり「○○さん，宿題があまり出ていないのですが……」と切り出してしまうと，教師が保護者を責める構図になってしまいます。まずは，「ご家庭や学校のこと，宿題なども含めて何か困っていることはありますか？」という質問から始めてみます。そのやりとりの中で「宿題を全然やろうとしなくて……。声かけも困っています」のような困り事を話し始めてくれてから，「実は学校でも……」と学校での様子を伝えます。敵対関係をつくるのではなく，一緒にどうすべきかを考える関係にするために「困り事を話してくれるまで待つ」ことを意識してみましょう。

❸ 専門外のことや苦手なことは他者に委ねる

　教師は，カウンセリングのプロではありません。また，家庭でのセンシティブなトラブルに対応することは，経験を積んでいなければ難しいことです。保護者の方に専門的なカウンセリングが必要な場合には，カウンセリングのプロであるスクールカウンセラーに頼ったり，学校では担えないことに関しては外部機関とつながったりする方法があります。学級担任は，すべての責任を負わないといけない感覚になるかもしれませんが，専門外のことや苦手なことは他者に委ねることもあってもよいでしょう。

12月

2学期末の保護者会

小原　広士

　2学期末の保護者会では，以下のことを話題の中心にするとよいでしょう。

● 2学期の子どもたちの様子について

● 冬休みの過ごし方について

　1年生にとって2学期は，運動会や学習発表会などの行事を通して，友達と一緒に目標に向かって努力することの大切さを学ぶ時期です。また，友達のよいところを見つけ，お互いのよさを認め合うことも学びます。「2学期の子どもたちの様子」について説明する際は，こうした子どもたちの成長を中心に話すとよいでしょう。

　また，多くの学校では，2学期の生活科で取り組んだ「にこにこ大作戦」（名前は各学校によって変わります）を冬休み中も続けることが多いです。その場合は，「冬休みの過ごし方」について説明する際に，この取り組みの目的や内容について話すとよいでしょう。

　さらに，保護者会では，保護者同士が交流できる時間を設けることも効果的です。筆者は，2学期末の保護者会で，このような時間を取り入れています。

⭐ 2学期の子どもたちの様子について

　2学期に子どもたちが生活面や学習面でがんばったことや成長した点を伝えるときには，先ほど述べた2学期に特に見られる特徴に注目して話します。筆者は，2学期から「友達のいいところみつけ」という活動を行います。この活動では，帰りの会で，その日の友達のいいところを発表します。この発表では，子どもたちの生活面や学習面でのがんばりが紹介されるため，その内容を記録し，「どんながんばりが多く伝えられたか」を保護者会で説明します。また，「いいところみつけ」は，子どもたち同士ががんばりを認め合う取り組みです。この活動を通じて，「もっとできるようになりたい」「みんなのためにもっとがんばりたい」といった気持ちが子どもたち全体に広がり，一人一人が変わっていきます。保護者会では，こうした子どもたちの成長も伝え，保護者に子どもたちの成長を感じてもらいます。さらに，運動会や学習発表会などの行事では，こうしたがんばりを認め合う活動によって子どもたちは大きく成長します。そのため，行事の取り組みについて話す際にも，子どもたちが目標に向かってがんばれた理由

として，仲間同士での認め合いがあったことを伝えます。

⭐ 冬休みの過ごし方について

　冬休みも夏休みと同様に規則正しい生活リズムで過ごすことの大切さを伝えます。また，冬休みの課題（宿題）についても，夏休みと同様に丁寧に説明します。特に生活科で取り組んだ「にこにこ大作戦」を冬休みも継続する場合は，その目的を説明しましょう。この活動の目的は「子どもたちが家族のために自分ができることについて気づき，それを今後も続けようとする気持ちをもつこと」です。こうした気持ちを育むためには，子どものがんばりを認めたり，続けられるように励ましたりすることが効果的です。そのことを保護者に伝え，冬休み中の我が子のがんばりへの価値づけをお願いします。

⭐ 保護者同士のつながりを深める工夫

　保護者会は，保護者同士がつながりをもつ場でもあります。筆者は，2学期末の保護者会で，保護者同士が日頃の悩みを相談したり，共有したりできる時間を設けています。時間は限られているため，保護者同士がより多く交流できるように，小グループに分かれてテーマに沿ったディスカッションを行います。具体的なテーマをこちらで決めることで，会話がスムーズに進みます。以下のテーマは，保護者が共感しやすく，解決策を共有しやすい内容です。

> ● 家庭での学習に関する悩み
>   例：「宿題にどのように取り組んでいますか？」
> ● 友達関係の悩み
>   例：「子どもが友達とトラブルになったとき，どう対処していますか？」
> ● 生活習慣に関する悩み
>   例：「朝の準備をスムーズにするために，どんな工夫をしていますか？」
> ● 子どもの情緒や心のケアに関する悩み
>   例：「子どもが不安やストレスを感じたとき，どう対処していますか？」
> ● 親子のコミュニケーションに関する悩み
>   例：「忙しい日常の中で，子どもとのコミュニケーションをどうとっていますか？」

12月

冬休みの課題と指導

若村　健一

⭐ 家族の一員としての役割を果たす

　冬休みは，年末年始など一年の中でも家族で過ごすことが多い時期です。そのため，2学期の生活科の学習を生かし，家族の一員として自分にできることは何かについて考えることができるような課題を出せるようにするとよいでしょう。その際，生活科の学習を想起しながら，冬休み，家族のために自分は何ができるか考えることができるようにしましょう。もちろん，家族のお手伝いなどを決めて毎日それに取り組めるようにすることも大切ですが，自分なりに家族のためにできることを考え，一人一人が決めて実行できるようにすることも大切なポイントです。また，1人1台端末を活用し，家庭で行ったことについて共有するような場所をクラウド上につくっておき，子どもたち同士で共有することができるようにしておくのもつながりをつくるうえでよいでしょう（例えば，Padlet や Google の Classroom などのアプリケーションソフトを活用して共有する方法もあります）。

⭐ 年中行事への積極的な参加を促す

　年末年始は，年中行事が多い時期です。この時期を捉え，年中行事に参加できるような課題を出すことができるとよいでしょう。

　年末の餅つきや，大掃除，新年を迎える準備や初詣などのこの季節ならではの行事に参加し，実際に自分で直接体験することで，子どもたち一人一人が感じ，考えることがたくさんあるでしょう。こうして感じ，考えたことを表現することができるような課題を出すと，感じたことがより自覚化さ

れていくことにつながります。

　そして，参加した年中行事について冬休み明けに交流する機会を設けることも子どもたちが季節の変化を感じるうえで貴重な機会となります。交流したことをもとに，昔遊びなどを一緒に楽しむ時間を設定することで，自分の生活と学習が結びつくよい機会となります。

⭐ 安全面・健康面・金銭面についての指導

　夏休み同様，長期休みに入る前には安全面や健康面についての指導は丁寧に行いましょう。冬休み前は特に感染症が流行する時期でもあります。規則正しく生活することや基本的な感染対策について普段学校で行っている保健指導を学年だより等で保護者にも伝え，家庭でも実行できるように協力を仰ぐようにしましょう。

　冬休みはそれらに加えて，お年玉等で普段より金銭を多く持つ子どもたちに対して，金銭面についての指導を丁寧に行うことが大切です。

　金銭面について指導を行う際には下記のポイントを押さえた指導を行うようにしましょう。

- お金の貸し借りはしない
- 誰かにおごったり，おごられたりしない
- 不必要なお金を持たない
- 用もないのに店に行かない
- 何かを買いたいときは保護者に相談する

⭐ 2学期の振り返りと新年の抱負を考える

　2学期に自分ができるようになったことについて振り返りを行いましょう。学習面だけでなく，生活面においても自分ができるようになったことについて振り返ることができるようにすることが大切です。振り返ったことをもとに，この冬休みにしてみたいことについて考えるとよいでしょう。

　また，新年に向けて自分が挑戦してみたいことについても，振り返ったことをもとに冬休みに入る前に考えておくことで，3学期の生活科における成長単元の学習へのつながりも期待できます。この冬休みにしてみたいことや新年の抱負については，学校で考えたことを保護者の方にも見てもらうとよいでしょう。

学級づくりのポイント

1月

今月の見通し

進級に向けて
学習面と生活面の定着を

曽根　朋之

今月の見通し

学校行事	家庭との連携
● 始業式	● 冬休み明けの生活リズムの確認
● 身体測定	● 学習用具の準備（鍵盤ハーモニカなど）

学年・学級	他
● 書き初め	● 手洗いうがいの喚起（学級閉鎖を防ぐための対策）
● 新たな目標設定	● 冬休みの振り返り
● これまでのルールの確認，見直し	● 児童の健康や生活状況の確認
● 校外学習の計画と実施（冬の公園など）	● 幼児教育施設との引継ぎの計画
	● 新1年生保護者会の実施

　3学期は3か月ありますが，1月上旬や3月末に長期休みがあるため，とても短いです。定着すべきことを押さえて2年生へと進級できるようにしていきます。学習面として1年生で必ず押さえたいひらがな・カタカナ・漢字の定着，生活面では冬になり衣服などがかさばったり，学習で使うものが増えたりしてくるため，持ち物の管理の定着を考えていきましょう。

★ 苦手なひらがな・カタカナ・漢字の定着

　苦手なひらがな・カタカナ・漢字の定着を図るために，3学期の最初にひらがな・カタカナ・1年生で習った漢字をどのくらい書けるかを確認するたしかめを行います。何の字が書けないのかを子どもが自覚することが目的です。次に，自分が苦手な漢字やカタカナを使って，文をつくる活動を行います。例えば，「夕」という漢字とカタカナの「ヌ」が苦手なら，「一月

一日の夕がた，赤い目をした女の子が大きなイヌを見つけました」のような文をつくるイメージです。苦手な漢字やカタカナが少ない子は，なるべく多くの漢字やカタカナを使って書いていくように指導するとよいです。一つの漢字でも違う読み方をすることで，語彙を広げていくことにもつながります。文章は実際にあったことでなくてかまいません。このような文づくりを続けていくと，空想の日記や物語のようにする子もいるでしょう。文章の出来栄えよりも，苦手な漢字やカタカナを使うことを重視することで，楽しみながら苦手な字の定着を図ります。

⭐ 持ち物の住所を決める

　1年生の困り事には，「持ち物の管理」も大きなウエイトを占めるのではないでしょうか。特に，冬場になると，上着，手袋，マフラーなどの持ち物であふれます。置き場所が少ない学校において，何をどこに置くかが明確でないと持ち物の管理は難しいです。冬休み明けのこのタイミングで，持ち物の住所を確認し，持ち物の管理の定着を図ります。

❶ 使用頻度で収納場所を分ける

　例えば，体操着と上履き袋で考えると，使用頻度が高いのは体操着です。上履き袋は月曜日の朝に持ってきたら金曜日の帰りまでは使いません。1人に二つのフックを配当できれば，使用頻度の異なるもので分けて使うとよいです。1人に一つのフックしか配当できない場合は，2人で二つのフックを使うようにします。一つは，体操着のように使用頻度の高いものを2人分かけます。もう一つは上履き袋のように使用頻度の低いものを2人分かけます。このような工夫が難しければ，上履き袋のように使用頻度が低いものは月曜日の朝に大きな段ボール箱などに入れて，金曜日に配るようにしてもよいでしょう。

❷ 定期的な整理の機会の確保と相互チェック

　上記のような区分けをして持ち物の住所を決めても，その住所に置くことが定着しない子は，机の横にかけ始めたり，お道具箱の中に詰め込んでしまったりします。教師が常に監視して指導するのは現実的ではありませんし，自分で整理ができるような自主性は育ちません。子どもたち自身が持続して管理できるようにするためには，定期的な整理の機会の確保と相互チェックが必要です。毎週金曜日の帰りの会に，お道具箱や机の横を整理する時間をとるとリセットした状態で翌週を迎えられます。整理が終わったら，生活班で確認し合い，最後のチェックは教師が行うという流れを継続していきます。すぐには難しいですが，だんだんと教師が介入する時間が減って，持ち物を管理できるようになっていきます。「空いている時間に片づけておきなさい」と言うだけではできない子が，片づけをできなくて困っているのです。抽象的な指示をするのではなく，教師側が何ができるかを考え，定着できるようにしていきましょう。

学級づくりのポイント

1月

学年末へラストスパート！
子どもがもう一歩踏み出せる声かけ

青木　大和

⭐ こんなときに…

　年が明け，いよいよ学年末を意識する子どもの姿も見られるようになります。しかしそれは「進級を意識する」ことと必ずしも同意ではありません。つまり，１年生が終わるという意識はあるものの，２年生が始まるという意識は低い場合があるということです。

　進級への意識が低く，目標や目的をもたずに行動している子どもたちが，残りの時間で自分たちにできることを考えられるようにするには，どんな声かけが必要なのでしょうか。

　進級への意識が低いと，大きく分けて二つのことが起こります。一つ目は，「もっとできることはないか」とさらに成長できる一歩を踏み出せないということです。二つ目は，進級後に目標をもてなかったり，適応できなかったりして，学校生活に意欲的に取り組めないということです。

⭐ 指導の意図

　「学年末への意識」と「進級への意識」を子どもがもてるように，残りの日数を客観的に把握できるような声かけが重要です。そのことにより，残りの日数で挑戦できることを子どもが考え，楽しく学校生活を送ったり，進級の際に目標をもちながら過ごせたりします。教師自身も，１年生の終わり方だけではなく，子どもがどのように進級するか，あるいは進級後子どもたちにどのような学校生活を送ってほしいかを意識して声をかけていく必要があります。

⭐ お話

●「１年生のカレンダーは残り何枚か知っている？」

　１月を迎えると，登校回数は残り50回程度です。期間でいうと２か月半程度。しかし，１年生の子どもにとって，「残り登校回数50回」「残り２か月半」と言われても今一つ実感を得られない場合があります。そこで，カレンダーに目を向けた声かけをします。めくり型のカレンダ

一であれば，4月にカレンダーを戻し，入学式からを簡単に振り返っていきます。12月まで振り返ったら，「1年生のカレンダーは残り何枚か知っている？」と声をかけます。残りの枚数が3枚とわかると，子どもたちは「もう終わっちゃうよ！」などと，残りの時間を実感するようになるでしょう。

●「残りの時間でしたいことは？」「残りの時間でしなくてはいけないことは？」

残りの時間を子どもたちが実感できたら，残された時間の中で「やりたいこと」「やらなくてはいけないこと」を問いかける声かけをします。「やらなくてはいけないこと」だけに焦点を当てすぎると子どもたちは息苦しさを感じてしまいます。そのため，「カレンダーは残り3枚だけど，何がしたい？」と子どもたちがやりたいと思うことを聞いていき，実現可能なものは何かを全体で話し合ってもよいでしょう。

席替えやレクリエーション，6年生へ感謝の手紙を書く，アサガオの種を新入生にプレゼントしたいなど，子どものやりたいことが挙がってきます。その中で，「最後に教室をきれいにしないといけないと思う」などの声が上がることがあります。そのような反応があったら，「しないといけないこと」にも広げていきます。進級前にしないといけないことは何かを問うような声かけをしていきましょう。その中で，「2年生になったら，今までと違うところはある？」と尋ねていきます。子どもたちからは「教室が変わる」「新しい1年生が入学してくる」「1年生のお手本にならないといけない」などの意見が出ます。子どもが新入生の入学を意識できたら「2年生になるまでの残りの時間でしなくてはいけないことは何かな」と声をかけていくと，子どもが目標をもちながら学校生活を送ることができます。

●「新1年生のお手本になる姿だね！」

新入生が入学してくることを意識できるようになったら，「新1年生のお手本になる姿だね！」というように，新入生の目線に立った声かけをするようにします。このことで子どもたちが進級した際に，突然「上級生として何をしたらよいのだろう」と迷わずに行動することができるようになります。また，入学したときに不安だったことや上級生にしてもらってうれしかったこと，かっこいいと感じたことなどを想起できるような声かけも大切です。その際，「その姿を目指していければいいんだね」と目標を設定してもよいですが，「そうなんだね。そういえばこの前○○さんは，□□さんが校庭で転んでしまったとき，すぐに声をかけて保健室に連れていってくれたよね。あの姿を新入生が見たら○○さんのことをかっこいいと思うのではないかな」と，すでに子どもたち自身が憧れの存在になりつつあることを自覚できる返答も大切です。

子どもたちが目標をもてるような声かけも大切ですが，「今のままで十分できているよ」と自信をもてるような声かけをしていくことも大切です。

学級づくりのポイント

授業づくりのポイント

1月

3学期に大切にしたい生活指導

長田　柊香

⭐ 個人差が出てくる時期，個に応じた指導をしよう

　3学期にもなると，子どもたちの中での差が現れてくるかもしれません。何も言わなくてもできる子もいれば，何度言っても行動に移せない子もいるはずです。特に，整理整頓に関しては差が顕著に現れるところだと思います。そのように個人差が出てくることは自然なことなので，慌てずに対応していきましょう。

　代表的なものとしては，「ものの住所を決める」といった指導です。引き出しなら，右側にはよく使う筆箱やノートなど，左側には配られたものを入れるファイルだけ入れておいて，下校の際には引き出しの左側は空っぽにしておく，といった具合です。片づけが苦手な子ども（大人もですが）は，適当にものを置いてしまうことが多いために，何をどこに置いたのかわからなくなってしまうのです。ものの住所を決めておくことで，清潔に保てるだけでなく必要なものがすぐに出てくるというよいことがある，ということも感じてもらいたいですね。

⭐ 次の学年へのバトンタッチを

　もうすぐ一年間が終わるこの時期，「本当に子どもたちは成長しているのだろうか」と不安に思う先生もいるかもしれません。そんなときは，同じ学年の他のクラスを覗いてみてください。子どもも違えば担任の先生も違うので，"すべて同じではない"ことを前提として，比較してみるのです。もし，自分のクラスに指導しきれていないことが見つかっても，「まだ3か月もある！」と自分に言い聞かせれば大丈夫です。大切なことは，2年生に上がったときに新しく編成されたクラスで，子どもたちの間に大きな差を生まないことです。そのためには，学年の先生と普段どのような生活指導をしているか情報を共有したり，学校として共通したきまりを確認したりすることも必要です。

ルールとマナーの違いを通して，きまりがある意味を考えよう

　渡辺（2024）は，不適切行動への対応として，ルールを明確に教えることが大切だと述べています。ルールというのは「ペナルティがあるほどの強制力があって，これを守らないとみんなで楽しくこの社会で暮らすことができない」ものです。似ている言葉にマナーがありますが，そちらは「思いやりで，守らなくてもペナルティを負うほどの強制力はないけれども，それをするとみんなが気持ちよくなる」ものだそうです。この違いを伝えたうえで，それらを判断する「モラル」をもつことが大切なのだと述べています。

　今，みなさんの学校や学級にあるきまりは，ルールでしょうか。それともマナーでしょうか。おそらく，ペナルティが課されないマナーが多いと思います。つまり，先生たちは子どもたちを罰したいわけではなく，みんなが気持ちよく過ごせる空間をつくりたいからきまりをつくるのです。その根っこの部分を子どもたちと共有することで，「きまりを守るって大切なんだな」と感じてもらうことができるのではないでしょうか。1年生には難しい話かもしれません。けれど，きっと先生の思いを受け取ってくれる子どもがいるはずです。先生自身も含めた"みんな"が楽しく過ごせる温かい環境を，子どもたちとつくっていきましょう。

□次の学年を見据えた指導をする

　子どもたちへの指導は，担任の先生一人が負うものではありません。困ったときには同僚や管理職に相談して，抱え込まないようにしましょう。

□きまりがある意味を考えて，いつでも立ち戻れるようにする

　ルールが増えると，子どもたちの思考は働かなくなります。なぜそのきまりがあるのか，なぜ守った方がよいのか，本質を見失わないようにしましょう。

【引用文献】
● 渡辺道治著，郡司竜平解説『特別支援教育に学ぶ　発達が気になる子の教え方　The BEST』東洋館出版社

学級づくりのポイント

授業づくりのポイント

1月

学級会のススメ②

新居　逸郎

⭐ 子どもたちから提案が出ているか…？

　学級会の議題が子どもたちから集まらないと感じている先生もいると思います。そんなときは子どもたちに議題例を示すだけでなく，議題を考えるときの視点を与えるとよいです。各視点の頭文字をとって「かつやくよ」と教えています。

〈議題を考えるときの視点〉

㋕いけつしたい！　　㋟くりたい！　　　　㋳ってみたい！

㋘ふうしたい！　　　㋛ろこばせたい！

⭐ 「何をやるか」と「どうやるか」

　学級会には，「何をやるか」を決める話し合いと，「どうやるか」という工夫を考える話し合いがあります。学級会や話合い活動に慣れてきたら，めあてに対して「どうやるか」という工夫をみんなで考えると，より子どもの発意・発想が活きる学級活動になります。

　１月の学級会　モデルメニュー

・議題　「３がっきも　よろしくねかい　をしよう」

・提案理由　「３学期もみんなと仲良くしたいです。みんなのことをもっとよく知ってさらに仲良くなりたいと思ったから提案しました」

・話し合うこと①　「みんなのことをもっと知れるじゃんけん列車の工夫を考えよう」

・話し合うこと②　「役割分担をしよう」

・決まっていること

　〇月〇日　〇校時　教室　じゃんけん列車を工夫して遊ぶ

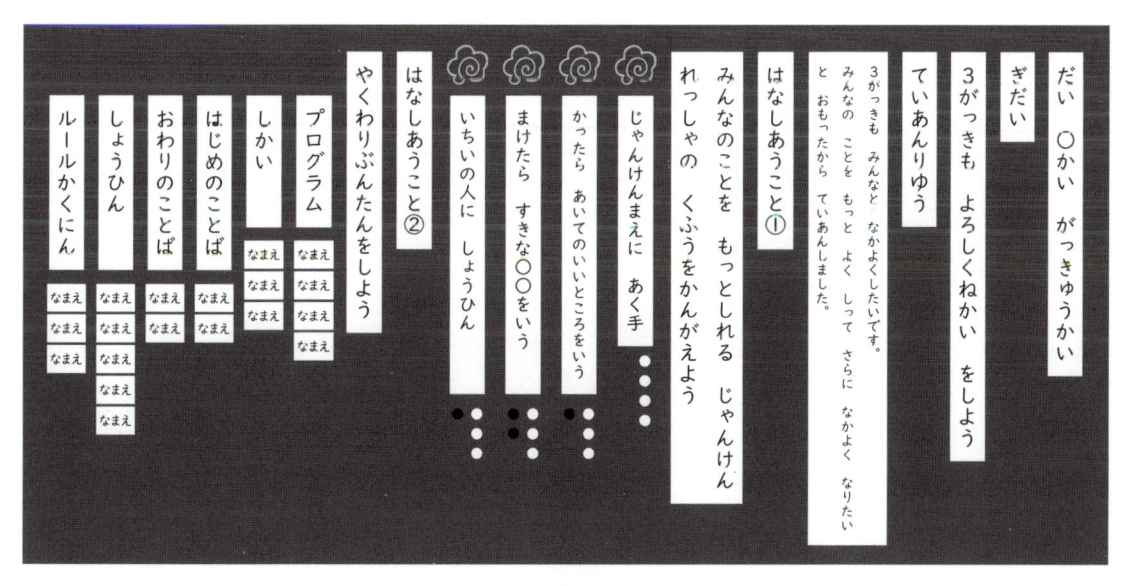

板書例

⭐ 学習形態を工夫する

　学級会では，みんなの顔が見えるようにすると聴き合い，話し合う雰囲気が生まれやすくなります。そのために机の配置をコの字型や車座にすることもあります。

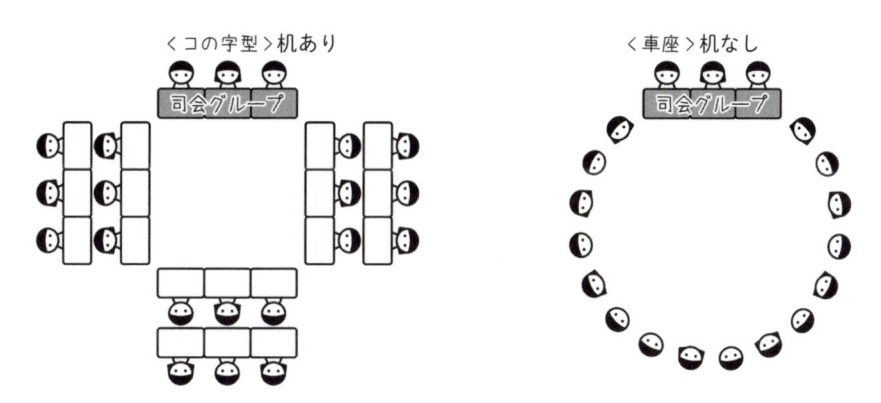

　車座は，低学年の初期に使うことが多いです。クラスの実態や発達段階に合わせてコの字型と車座を使い分けるとよいです。

今月の見通し

2月

早めの準備で子どもに委ねる余裕をもつ

曽根　朋之

今月の見通し

学校行事	家庭との連携
● 全校での集会活動（なわとび，マラソン）	● 3学期末の保護者会

学年・学級	他
● 1年生の学習のまとめ	● 通知表の所見作成，成績作成
● 幼小交流の計画や実施	● 幼児教育施設との引継ぎ
● 6年生を送る会の準備や練習	● 新年度のスタートカリキュラム作成

　3月は学校行事が多いので，クラスでゆっくり時間をかけて活動ができるのは2月が最後といってもいいでしょう。3月にある6年生とのお別れ，クラスの友達とのお別れ，4月にある新1年生との出会いに向けた準備を2月にしておくことで，内容の充実だけでなく子どもに委ねる機会を増やしていきます。全員が計画し，実行する経験を積ませるために，やることの見通しがもてたら，少人数で分担するとよいです。

　また，「学習の振り返り」についても考えていきます。自分たちで計画し実行する活動だと，課題を明らかにして，次の活動に生かす見通しをもつ必要感が出てきます。ここでの振り返りを丁寧に行うことで，教科教育でも振り返りを行うよさを感じさせていきます。

★ 一人一人が計画し実行する経験を積ませる

❶ 卒業する6年生に向けた計画

　4月からお世話をしてくれた6年生との思い出を振り返ることから始めていきます。入学式での出会いや異学年交流などの活動で，どんなことをやってくれていたかを具体的に振り返ることで，やらされる活動ではなくなります。6年生にしてあげたいこととして，何かプレゼン

トをあげたい，一緒に遊びたいなどのアイデアを実現していきましょう。

❷ 新1年生に向けた計画

自分たちが2年生にやってもらったこと，やってもらえてうれしかったことを振り返ることから始めていきます。教室の飾り付けや，プレゼントの準備，新1年生が入学してから一緒に遊びたい，朝の準備や給食準備を手伝いたいなどがアイデアとして出てくるでしょう。クラス替えがある場合には，4月までに今のクラスでできることに絞って取り組んでもよいです。

❸ クラスで最後にやりたいこと

お手紙を書きたい，最後にお楽しみ会をやりたいなどのアイデアが出てくるでしょう。クラスの活動は自由度が高いので，これまでにあまり経験していなかったり，ワンパターンになっていたりしたら，本やタブレット端末なども参考に活用してバリエーションを広げてもよいです。

⭐ 「やってよかった」と思える振り返りにする

何がわかったり，できたりしたのかを言葉にして，次は何を目的にどんなことをするのかを見通すために振り返りは重要な学習活動です。振り返りの視点は，大きく以下の三つです。

> ● 今日わかったことやできたこと（成果）
> ● なぜそれがわかったり，できたりしたのか（学び方）
> ● 今日わからなかったことやできなかったこと，もっと知りたいこと（課題）

これらを毎回の授業で必ず振り返るのではなく，子どもが書き残しておきたいことがあるときと，書き残したことが今後使えるという見通しが教師にあるときに行うとよいです。

例えば，体育の器械運動で後転のコツをつかみかけた時間なら，成果や課題として書き残したいという必要感が子どもに出てきます。また，その子が他者から手のつき方や目線などを学んでいたとしたら，今後の運動でも使うことが多いという教師の見通しがあるので，意味のある振り返りになります。

一方で，授業内容が深まっておらず，子どもたちの必要感がないまま，無理に振り返りをさせている授業を見ることがよくあります。振り返りを書くことが上手な子の育成をしたいわけではないので，子どもが書き残しておきたいことなのか，書き残したことは今後使えることかという視点で振り返りを見直すとよいです。3月の活動に向けた準備の際にも，停滞しているときには課題を振り返ったり，うまくいったときには成果やどうやったらうまくいったのか学び方を振り返ったりして効果を実感させましょう。

2月

お話

「だいひょう」呼びで
子どもの自覚と意欲を伸ばす

2月に入ってもまだ冬休みモードの「ゆるみ」のある子どもたちの姿が見られます。4月からの2年生の生活に向けて，意欲的に自立した生活を送ってほしいと思います。

小澤　宏明

⭐ こんなときに…

　4月は，初めての小学校生活でドキドキ，ワクワクしていた子どもたちですが，学校生活にも慣れてくると少しずつ「ゆるみ」が感じられる場面が，学校生活の中で見えてきます。冬休みが終わって学校が始まったのに，学校のルールや授業中の活動の姿など，お休みモードの子を目にすることもあるでしょう。

　この時期の学校生活を1年生の後期や3学期と位置づけるのではなく「2年生の"0学期"」として次年度を意識させることで，2年生を見据えて生活していきましょう。ここでは，「だいひょう」呼びで，子どもの学校生活に対する自覚と意欲を伸ばしていきましょう。

⭐ 指導の意図

　「2年生の0学期」と位置づけることで，4月以降に新しい1年生が入学して，自分たちがお兄さんお姉さんになる意識をもたせます。お兄さんお姉さんになるということは新しい1年生の「手本」となるということです。残りの時間は，2年生に向けた準備段階と位置づけ，「1年○組のだいひょうの○○さん」と呼ぶことで，まだ出会っていない1年生の「手本」として行動できるようにしていきましょう。

　そして，教師にとって学期末は自分の手が離れるから「終わり」ではなく，年度が替わった4月以降も自立してがんばれるようにメッセージを伝えます。学年末にどんな話をしたいかで，残りの時間をどう過ごしてほしいかが見えてきます。スタートとゴールを意識して話をしていきましょう。

　子どもたちにとって「だいひょう」のイメージは，運動会のリレーの代表，学年の代表のセリフのように「限られた人」のイメージや，サッカーの日本代表，オリンピックの日本代表のように「遠い存在の人」のイメージなど様々です。4月になれば「2年○組の○○さん」と，所属が変わるだけのように思うかもしれませんが，見方を変えてみれば「1年○組の代表として，2年○組に所属する」ことになります。

つまり「だいひょう」は決して「限られた人」や「遠い存在の人」ではなく，子ども一人一人が「１年○組のだいひょう」なのです。また，学校を出たら「○○小学校のだいひょう」でもあります。

　学校生活の様々な場面で「○○小学校」や「１年○組」の「だいひょう」として意識させることで，子どもたちがルールを守り，自立して行動できるようにしていきましょう。

 お話

〈冬休み明けのお話〉

　みなさん，冬休みが終わって，年も変わりましたね。今年は何年ですか？（「20XX 年」）

　そうです。みなさん，20XX 年の４月は何年生かな？（「２年生」）

　４月には，新しい１年生が仲間入りするね。どう？　ドキドキする？（インタビューする）

　２年生になってから２年生の準備をするのではなく，今から２年生の準備をしていきましょう。１年生の３学期（もしくは後期）ではなく，今から「２年生の０学期」のスタートです。２年生になっても，みなさんは１年○組の「だいひょう」です。だいひょうってわかるかな？（子どもたちがだいひょうに対するイメージを話す）（子どもの意見をまとめながら板書する）

　「やさしく教える」「かっこいい」「すごい」「上手」のように，誰かの手本になることが「だいひょう」のイメージみたいだね。

　今日から先生は，みんなのことを２年生だと思って接していきますよ。残りの３か月，１年○組の代表として過ごして，素敵な２年生になろう。一緒に２年生０学期がんばろう！

〈学年末のお話〉

　一年間ありがとう。どの授業も行事も初めてだったのに，みんなどれも一生懸命だったね。（クラスで撮った写真等を見せ，振り返る。がんばったことなどをインタビューしてもよい）

　先生は，授業も行事も一生懸命だったみなさんが大好きでした。（ここで具体的なエピソードを入れる。本校では日記を宿題として毎日取り組んでいるため，日記を例に取り上げた。子どもたちががんばったことならどれでもよい）

　日記も毎日あって，大変だったと思います。それを君たちはしっかりと乗り越えました。（子どもの姿から，先生の感想を述べる）

　そんなみんなの姿を見て，先生もがんばろうと思えたよ。がんばる人はかっこいいのです。１年○組は，がんばる人たちの集まるクラスです。がんばる気持ちをこれからも持ち続けてくださいね。いつまでも君たちは「１年○組のだいひょう」です。

　ここで先生からの宿題です。２年生では今よりもっと素敵なクラスをつくってください。これが先生からの最後の宿題です。１年○組代表のみなさんを遠くから応援しているからね。

2月

幼保小の交流行事

笠原　成晃

⭐ 大事なことは「互恵性」

　多くの学校で幼保小の交流行事が行われていることと思います。私が多く経験したのは，運動会，あきまつり，一日体験入学でした。交流行事で大事にしたいのは，「互恵性」つまり，小学校にとっても，幼稚園，保育所，こども園にとってもメリットのある行事にすることです。そこで重要になってくることが，「双方のねらい」です。この行事を通して，何を経験してほしいか，どんな子を育てたいのかをお互い聞き合い，そこに向けて連携する必要があります。その子らしさや，育ちを大切にする幼児教育の文化を取り入れつつ1年生に育みたい資質・能力について話し合っていくことで「互恵性」のある交流行事にしていくことができます。

⭐ きちんと話し合うために

　一言で「互恵性」といっても，"言うは易く行うは難し"です。実現に向けて大切なことは以下の3点です。

□まずは，スケジュールを押さえる

　どんなによい計画をしても，日程的に厳しいとなると開催ができません。

□上意下達にしない

　理想は1年生が「やってあげる」だけでなく年長さんと1年生が互いに活躍できる場にすることです。

□はじめから完璧を目指さない

　「秋の交流行事ではここまで」「冬の交流行事ではここまで」と丁寧に歩みを進めていきます。本当の意味で互いを理解して交流行事をするには，園と小学校を参観し合って実態を知ったり，連携のためのワーキンググループを立ち上げたりする等，関係を築いていく必要があります。まずはできることから進めていきましょう。

⭐ 交流行事のために話し合うこと

□スケジュール：どんなに素敵な交流行事を描いても開催できないと意味がありません。いつ，何回開催するのか日付まで決めておけるとよいです。

□育てたい子ども：園と学校でそれぞれどんな姿をねらっているのか話し合うことで，「そのために何ができるのか」，また「正直にこんな活動はしてほしくない」等，子どものためだからこそ本音で話し合うことができると思います。

□開催場所：開催場所は小学校ということが多いのではないでしょうか。運動会や体験入学などの場合は行事の性質上仕方ないですが，あきまつりは，園に出張したり，園と学校の中間地点で行ったりすることもできます。どのような場所であれば，どのような交流が生まれるのか話し合ってみてください。

⭐ 交流行事を盛り上げるアイデア

❶ インタビュー／アンケート

　交流行事をする際に，１年生の思いや願いだけで進めずに年長さんの思いや願いを聞いてみることで，年長さんの期待が高まるとともにそれが一度目の交流になります。インタビューに行く時間がなければ，アンケートを子どもたちと作って渡す。それも難しければ，園の先生にメールで質問してみるなど実態に応じて行ってみてください。

❷ 子どもの経験の掘り起こし

　１年生が年長さんのときの経験を聞いてあげると，「これが楽しかったからやってあげたい」など子どもたちの思いや願いも高まります。転入などで経験がない子などへのフォローは必要ですが，計画段階で子どもたちと経験を交流してみてください。

❸ 文字や ICT 機器

　園にもよりますが，１年生と年長さんの活動の違いは文字や ICT 機器を使うことです。年長さんの名札をそれぞれ作ってあげたり，タブレット端末で一緒に記念写真を撮ってあとで印刷してお手紙にしてあげたりすると年長さんの小学校への期待がグッと高まります。

学級づくりのポイント　授業づくりのポイント

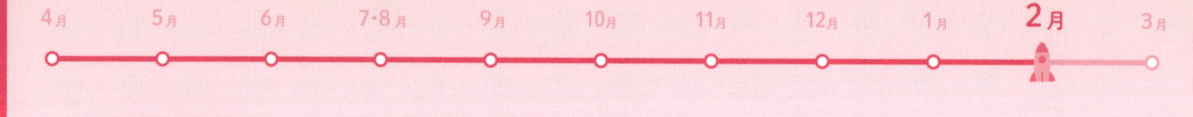

2月

3学期の通知表記入のポイント

笠原　成晃

⭐ 3学期の通知表記入のポイント

　3学期の通知表には，評定や道徳の所見もあり，さらに所見欄の多い高学年よりは負担が少ないですが1学期より作業が増えてきます。また，指導要録への記入の作業もこの時期に合わせて行うことが多いのでそれぞれの学校での提案に則って作業を進めていきましょう。通知表作成と指導要録作成では書く内容が重なっている部分も多いですが，文字数制限やデータの場所，作業手順などが違うことがよくあるので，職員会議での提案などをよく見て周囲の先生と連携しながら作業を進めていけるとよいと思います。

> ● 記述できる文字数が違う場合や学力テストの結果を記入する場合がある
> ● 通知表は敬体，要録は常体で書くことが多いので変換し忘れに注意
> ● 出欠席の備考欄の記述に細かな違いがあるので注意
> ● 評定にはそれぞれの学校で基準があるので確認する必要がある

⭐ 道徳所見

　地域によって違いはありますが，3学期の通知表には道徳の所見がある学校も多いのではないでしょうか。道徳の所見欄もあらかじめ形式や内容を決めておくと書きやすいです。また，道徳の所見は通常の所見よりも文字数が少なめに設定されている学校が多いです。あまり内容を盛り込めないので私はシンプルに以下のような形式で記述することが多いです。

> 　「○○（資料名）」の学習では，お話に登場する△△が□□する姿を通して（資料の大まかな内容），××（内容項目）ことの大切さについて気づくことができました。

　文末の表現は，資質・能力に合わせて「〜していくためにどうしたらいいか考えることがで

きました」「〜していく意欲を高めました」などの表現のバリエーションをつけています。

道徳所見文例

「これっていいのかな」の学習では，学校の内外で活動する子どもの絵を見て「いいこと」「わるいこと」を考える活動を通して，約束やきまりの大切さに気づくことができました。

「二わのことり」の学習では，友達のやまがらのことを思いやるみそさざいの気持ちについて考えることを通して，「私が休み時間に転んだときに，保健室に△△ちゃんも一緒に来てくれたから，次は私もしてあげたい」と，友達を大切にしていこうという思いをもちました。

通知表所見文例

○○さんは考えを書いて表現することがうまいです。いつも感心しています。算数の「たしざんひきざん」の学習では，文章題を図式化してそこに吹き出しなども使いながら，式にするとどうなるか考えてわかりやすくまとめて友達に説明することができました。
　3学期の生活面では，継続する姿が輝きました。こくばん係の仕事を忘れずに必ず行ったり，「なわとびをがんばりたい」と休み時間は発表に向けて練習を重ねたりしていました。2年生になっても，そんなひたむきな努力で○○さんが成長していってくれることを楽しみにしています。

○○さんには創造性という言葉がよく似合うなと感じる3学期でした。生活科の学習で来入児の一日体験入学を企画したときに，「年長さんのやりたいことをしてあげたい」と，年長さんに学校に来てやりたいことをインタビューすることを思いつき，みんなでインタビューをもとに体験入学の内容を考えていました。
　3学期の生活面では，整理整頓をがんばりました。毎日，帰りの支度をする前に机の中身を全部出して「戻すもの・持って帰るもの」を丁寧に仕分けし，机の中をすっきりさせて毎日下校することができました。
　2年生になっても前向きで創造性豊かな○○さんのよさが伸びていくことをこれからも楽しみにしています。

3月

曽根　朋之

今月の見通し

成長を実感できる3月に

今月の見通し

学校行事	家庭との連携
●修了式	●授業参観
●6年生を送る会	●キャリアパスポートの共有

学年・学級	他
●一年間の学習のまとめ	●成績処理
●一年間の振り返り	●指導要録の作成
●大掃除	●新2年生の引継ぎ資料の作成
●お楽しみ会（学級活動）	●通知表の所見や成績作成（成績処理）
●学習用具の計画的な持ち帰り指導	●教室備品や掃除道具の点検や清掃，返却
●修了式の児童の言葉	●新1年生の入学式準備

　いよいよ年度末の3月です。ここでは，一年間の成長を実感できるようにするために，子どもにも保護者にも学習の成果が目に見えるような工夫を考えていきます。特に，授業参観では子どもたちが成長した姿を見せることで，子どもたちに自信をつけさせ，保護者に安心感を与えて2年生へ送り出していきましょう。「このクラスで一年間過ごすことができてよかった」と思うと同時に，次年度への希望をもてるような終わり方を意識できるとよいです。

⭐ 学習の成果を目に見える形に

❶ 国語の「書くこと」の単元で一年間を振り返る

　国語の教科書の最後には，一年間を振り返ることを材にした「書くこと」の単元が計画されています。書き始める前に，これまでの行事の写真を振り返ったり，教科書やノートを見返し

たりするといろいろな思い出がよみがえってくるはずです。国語で学んだひらがな・カタカナ・漢字，文章を書く力を生かして表現し，成果物として残るように指導していきます。最初はひらがなも十分に書けなかった子どもたちが，文章の量と質がしっかりした文章を書けるようになったことが成果として表れるように，時間をかけて取り組みましょう。子どもにとっては，保護者や教師，友達からのコメントが何よりの励みになるので，読まれる機会の確保も十分にするとよいです。

⭐ 一斉授業で全員発言できる授業参観を

日常の授業には様々な授業形態がありますが，最後の授業参観ではクラスの一斉授業で学んでいる様子を公開します。クラスでにぎやかに楽しく学びつつ，それぞれがしっかりと参加している姿を保護者に見てもらうことで，成長を実感してもらえるようにします。子どもたちにとっても，人が大勢いる前で発言できることは自信になります。そのために，以下の三つのポイントを意識して授業づくりをしていきましょう。

❶ 考えの「ずれ」が起こる学習課題を立てる

教科は問いませんが，考えのずれが起こるような学習課題を設定しておくとよいです。例えば，国語の「ずうっと，ずっと，大すきだよ」を扱う授業なら，「自分が『ぼく』だったら『となりの子』から子犬をもらう？　もらわない？」という課題のように二項対立だと「ずれ」が明確にわかりやすく，多くの子が参加しやすくなります。また，二項対立になることで，他者を説得する必要が出てくるので，発言をしたくなるような仕掛けにもなります。

❷ 事前に子どもたちの考えを把握して意図的に指名できるように

授業参観の前時には，子どもたちが自分の考えをノートに書く時間をとっておきます。そして，その考えを教師がよく読み，事前に「この考えのよさは〜だよ」と赤入れをしておくことで，多くの子が自信をもって発言できるようにします。このような準備をしておくことで，発言が得意でない子にいいタイミングで意図的に指名することができるようにします。

❸ 保護者を巻き込んだ授業に

❶に書いたようなずれのある課題だと，参観している保護者も思わず「自分の考えはどうかな？」と考えます。授業中に子どもが保護者はどう思うか聞きに行く時間をとったり，授業参観後に保護者の考えを聞いたりして保護者を巻き込むような授業にしてもよいです。

3月

レク

学級終わりのレクリエーション

🕐 **20～30分**

ねらい 体を動かしたり，協力したりして，みんなが楽しい時間を自分たちでつくりだす。

準備物 プールバー（幅5cmを半分にカットしたもの）を人数×3～たくさん

佐藤 順子

⭐ どんなレク？

水泳指導で使用するプールバー（100円ショップでも購入可）を幅5cmほどにカットし，さらにそれを縦半分にカットし，半円柱形にしたものを使用します（以下，ポッパー）。ポッパーは，様々な活動に活用することができます。

❶ めちゃ当て

ポッパーを親指と人差し指・中指で挟むように持ち，力を加えていくと「ポン」と音が鳴ってポッパーが飛び出します。飛ばす練習をして，当て合いをします。誰に当てても OK です。

❷ 取り換えっこ（2人組→3～4人組）

2人組になってポッパーを同時に飛ばして，相手と自分のポッパーを交換してキャッチします。キャッチできたら，3人，4人と人数を増やしていきます。相手とタイミングを合わせたり，作戦を立てたりする必要が出てきます。

❸ ブロックス

2人組をつくって，ポッパーを1人1個持ちます。2人で人差し指だけを使い，落とさないように，それぞれのポッパーを支えます。落とさないように移動しながら，もう片方の手の人差し指を使って，他のペアのポッパーを崩す「試練」を与えます。落とさず，崩されることなく，最後まで生き残ることができればチャンピオンです。また，2人で笑顔をつくったら，それは「復活の魔法」となり，復活することができます。落としてしまったら，相手を変えて，新たなペアでチャレンジすることでも，新たな気づきが生まれます。

❹ 何人で歩けるかな？

横一列に並んで，両隣の人と人差し指だけでポッパーを支え，落とさないように歩きます。距離や人数を増やしたり，距離を決めてタイムトライアルのチャレンジもできます。

❺ 輪になって回ってみよう！

　数人で輪をつくり，隣の人とは人差し指でポッパーを介してつながります。ポッパーを落とさずに，みんなで一回転します。一回転できたら，逆方向に回転するチャレンジをします。

❻ ポッパータワー

　ポッパーを積み上げて，なるべく高いタワーをつくります。積み方や使ってもよいポッパーの個数はお好みで○K です。

⭐ レクの流れ

❶ これは「ポッパー」といいます。飛ばす練習をしてみましょう。

　実際に飛ばし方を例示します。細かな動作が苦手な子もいるので，実際にポッパーに触れ，飛ばす練習をします。ポッパーが「ポン」と音を立てて飛び，それだけでも楽しいです。

❷ 次は，ポッパーの当て合いっこをします。誰に，どこに当ててもよいです。ただ，顔に当てることはなしとします。当てるときは必ず，練習のときのように音を出しましょう。

　活動を行う場所によっては，範囲を指定します。夢中になって，決められたことを忘れて活動してしまう場合もあります。そのときは，活動を一度止めて，今，何が起こっていたのか，約束は何かを再確認します。注意をするのではなく，問いかけをすることで，振り返り，どうするのがよいのか，自ら考える機会をつくることが，子どもの成長のチャンスとなります。

❸ それでは，始めます。めちゃ当て，開始まで3秒前！　3・2・1。スタート！（十分な活動時間が確保できたら）終了3秒前。3・2・1。終了です。集まりましょう。

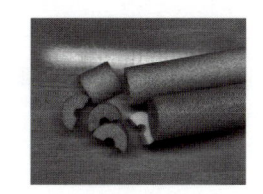

ポッパー

ブロックス

3月

6年生を送る会の指導

橋本　智美

⭐ 6年生との思い出を振り返る

　1年生にとって6年生は，入学式から多くのかかわりをもち，学校生活を支えてもらった大切な存在です。また，3学期の1年生は，これまでの経験から，自分たちで行事を創る意欲も高まってきています。まずは，子どもたちとどんな6年生を送る会にしたいかをしっかり考え，話し合う時間を設け，子どもたちの思いや願いを大切にした発表ができるようにすることが大切です。

　話し合いの場面では，初めての6年生を送る会がどんな会なのかを確認します。6年生を送る会は6年生への感謝と卒業を祝う気持ちを伝える場であり，卒業式のような儀式的な行事とは違い，子どもたちが中心となり創り上げる素敵な会です。1年生にとっては，この一年の成長を6年生のお兄さんやお姉さんに見せる貴重な機会ともいえます。

　この大前提を子どもたちに伝えたうえで，6年生との思い出を振り返ります。「お兄さんお姉さんとの思い出は？」と尋ねてもすぐに思いつく子ばかりではありません。できれば，これまでの行事などの写真をスライドショーなどで見返すことで，6年生のすごいところや助けてもらったことなどを具体的に思い出すとよいと思います。思い出を振り返ることを通して，6年生に感謝したいという気持ちを醸成していきます。

⭐ 発表内容を一緒に決める

　次に，感謝の気持ちを伝えるためにできることを子どもたちに尋ねます。子どもたちはこれまでの様々な経験をもとに発表のアイデアを出すと思います。あまり発表方法が出ない場合は，次ページに例示しているような様々な例を紹介し，自分たちの6年生への思いが表現できて，できるだけ短時間で準備できそうなものを子どもたちと一緒に選ぶようにします。

　また，1年生も3学期になると，これまでの経験から自分たちで発表をつくる楽しさを感じてきています。大まかな発表内容をみんなで選んだ後に，実行委員などを何名か決め，実際に話す言葉などの詳細については実行委員で決めることもできます。

〈6年生を送る会でおすすめの発表方法〉

- 歌 「ありがとうの花」（作詞・作曲 坂田おさむ）

  「Believe」（作詞・作曲 杉本竜一）

  「あなたにありがとう」（作詞・作曲 中山真理）

  「ありがとう6年生」（作詞・作曲 ruriko）

- 替え歌

  これまで学習してきた歌の歌詞を，6年生との思い出や感謝の言葉に替えて歌う。

- クイズ

  6年生が活躍した行事で使用した曲や6年生に教えてもらったことなどを，○×クイズや3択クイズにして紹介する。

- できるようになった合奏や鍵盤ハーモニカの演奏

- 演奏や歌の間に感謝の言葉を伝える（みんなででも一人一人でもよい）

- ダンス

  行事を通してできるようになったダンスを踊る。簡単な振り付けは6年生を巻き込んで一緒に踊ってもよい。

- 思い出のあそびで一緒に遊ぶ

  運動会で一緒にやった玉入れや綱引きなど，思い出を振り返って一緒に遊ぶ。

⭐ 6年生に感謝の気持ちを伝えるプレゼント

発表以外にプレゼントを作って思いを伝えることもできます。プレゼントも様々あり，子どもの実態に合わせて，作成しやすいものを選ぶとよいと思います。

渡す場面も工夫することができます。入場を6年生と一緒に行い，入場の直前にプレゼントを渡すこともできますし，発表の最後に渡すこともできます。いずれにしても，一人一人が「ありがとう」などと，メッセージを伝えながら渡すと思いがより伝わります。

3月

学年末の保護者会

小原　広士

　1年生にとって3学期は，自分や友達の成長に気づき，お互いを認め合いながら，自信をもって活動や学習に取り組むことができる時期です。また，周囲の人たちに支えられて成長してきたことを実感し，2年生になることへの期待を胸に意欲的に生活する時期でもあります。このように，3学期は心の成長が特に著しい時期です。

　学年末の保護者会では，保護者が子どもの学習面や生活面だけでなく，心の成長も感じられる時間を設けることが大切です。また，新年度が始まる4月に向けて，2年生の発達の特徴や学習内容を伝え，保護者が見通しをもてるようにするとよいでしょう。さらに，一年間支えてくださった保護者への感謝の気持ちを伝える場を設けることも重要です。このため，保護者会では，次のような話題を取り上げるとよいでしょう。

- 3学期の子どもたちの様子について
- 2年生の特徴について
- 春休みの学習や生活について
- 保護者に向けての感謝の言葉

⭐ 3学期の子どもたちの様子について

　3学期における子どもたちの学習や生活の成長を具体的に伝えるために，写真や動画を活用するのが効果的です。また，4月から撮りためた子どもたちの写真を見せることで，一年間の成長を実感してもらえます。

　学年末の保護者会では，保護者が子どもの心の成長を感じられるように，「キャリアパスポート」を見てもらう時間を設けるとよいでしょう。「キャリアパスポート」は，子どもが学校での学びや活動を振り返るためのポートフォリオで，各学期や行事ごとに，がんばったことや感じた成長，課題改善のための目標が記されています。これを読むことで，保護者は子どもの心の成長に気づくことができるでしょう。もし，これまでに「キャリアパスポート」についての説明をしていない場合は，小学校から高等学校までのキャリア教育に関する活動を記録するものであることを説明するとよいでしょう。

さらに，３学期の生活科の授業では，一年間の成長をまとめたり発表したりする学習があります。最後の授業参観で子どもが生活科の発表を行った場合，その感想を保護者と共有することで，子どもの心の成長をさらに実感してもらえるでしょう。もし授業参観で発表がなかった場合でも，生活科の授業で一年間の自分の成長をまとめた制作物を作っていたら，それを見てもらう時間を設けるとよいでしょう。

⭐ 2年生の特徴について

　保護者が２年生の発達段階や学習内容を理解することで，新しい学年への不安が少なくなり，安心して子どもを見守ることができるようになります。２年生の特徴として「自分でやる力が伸びる」「友達との関係が深まる」「勉強が少し難しくなる」「感情が豊かになる」「生活リズムが整う」といった点が挙げられます。筆者はこれらの特徴を具体的な例を使って保護者に伝えています。そして，これらを踏まえたうえで，２年生の時期にどのように子どもとかかわるとよいかについても説明しています。

⭐ 春休みの学習や生活について

　春休みは，進級に向けた準備の期間です。地域や学校によっては，春休みに課題（宿題）を出さないこともあります。その場合，家庭でどのような学習をすればよいか不安に思う保護者がいるかもしれません。もし，春休みに課題（宿題）がない場合は，家庭でどんな学習をしたらよいか具体的に説明するとよいでしょう。生活面については，夏休みや冬休みと同様に，規則正しい生活リズムを保つことが大切だと伝えます。生活リズムが崩れると登校渋りにつながるケースもあります。そういった事例を説明することで，保護者の意識を高めることもできます。

⭐ 保護者に向けての感謝の言葉

　学年末の保護者会では，最後に保護者への感謝の言葉を伝えます。１年生は，学習や生活，精神面での自立を目指して教育活動を進める学年です。そのため，保護者の協力がなければ教育活動はうまく進みません。ですから，一年間支えていただいたことへの感謝の気持ちを精一杯伝えます。また，１年生は，子どもの成長がとても大きい時期でもあります。その成長を見守ることができたのは，担任としての大きな喜びです。このようなすばらしい経験を共にできたことへの感謝の気持ちも伝えて，保護者会を締めくくるとよいでしょう。

国語

学習の要所と指導スキル

土居　正博

⭐ 学習内容例

月	学習内容例
4 月	● 先生や友達の話をしっかり聞く。 ● ひらがなを楽しく学習する。
5 月	● ハキハキ・正しく・すらすらと音読に取り組む。物語を楽しむ。 ● 一文をたくさん書く。 ● ひらがなの学習を進める。
6 月	● 自分の気持ちや考えだけでなく，わけも話す。 ● 説明文の学習。問いと答えについて知る。 ● カタカナの学習を進める。
7 月	● 「は」「を」「へ」を用いて，少し詳しい文を書く。 ● 漢字の学習を始める。まずは読めるようになることを目標にする。
9 月	● 夏の思い出を話す。 ● 音読を中心に物語に親しみ，人物の行動や内容の大体を捉える。
10月	● 説明文では，既習の問いと答えを生かし，内容を読み取っていく。 ● 物語では，音読を中心にしつつ，人物の行動などを具体的に想像していく。
11月	● 説明文では，既習を生かしつつ，事柄の順序について考える。 ● 説明文の学習で考えたことを活用して，簡単な説明文を書く。
12月	● 物語を自分の経験と結びつけながら読み，感想をもつ。 ● 友達や先生に手紙を書く活動を継続的に行う。
1 月	● 1年生最後の説明文の学習。これまでの既習を生かして読み，最後に説明文を書く。 ● 上位語と下位語などの観点から，語彙を増やす。
2 月	● 一年間に学習したひらがなやカタカナ，漢字を総復習し始める。 ● 一年間の思い出を振り返り，簡単な文章を書く。
3 月	● 1年生最後の物語の学習。これまでの既習を生かしながら，感想を伝え合う。 ● 文字や音読を中心に，一年間の学習を振り返り習熟を図る。

⭐ 身につけたい力

　１年生は，学習に対してやる気満々です。ですから，我々教師はそのやる気（意欲）を損なわないことを念頭に置いて，とにかく子どもたちが国語の勉強好き！となるように指導していくことが大切です。

　そのうえで，１年生はこれまで話し言葉が中心だったのが，徐々に書き言葉を読んだり書いたりする学習中心へと移行していく時期でもあります。話し言葉を全員の足がかりとしつつ，書き言葉に慣れさせていく，書き言葉の語彙を増やしていくことが重要となります。話し言葉で使えている語であっても，読ませたり書かせたりしたらわからないことが多々あります。これは，話し言葉の語彙数と書き言葉の語彙数との差があることから生まれるのです。

　ですから，１年生でしっかり身につけたい力は，ひらがなやカタカナ，漢字といった文字を読み書きできる力と，音読をすらすらできる力です。これらは，話し言葉中心から書き言葉中心へと移行していくうえで欠かせない要素だからです。

　また，１年生という小学校六年間の入門期であることを鑑みると，友達や先生の話をしっかり聞くことや，物語や説明文の学習の基礎を固めることなども重要となってきます。文章を書く，という力においても１年生の段階で「自分は書くのが嫌いではないな」と自信をつけさせることがその後の小学校生活を左右するくらい大切です。

　このように，１年生の国語指導において重要なことはたくさんあります。中でも重要なのは，最初に述べた，やる気（意欲）を大切にするということです。子どもたちの意欲をさらに伸ばすことを第一に，そのうえで国語科としても重要なことをもなるべく指導していく，というスタンスで指導していくようにしましょう。

⭐ 子どもたちの意欲を損なわず，さらに高める

　子どもたちの意欲を損なわず，さらに高めていくにはどのようなことを意識したらよいでしょうか。この場合，その逆の「子どもたちの意欲を損なう指導」について考えてみるとよいです。子どもたちの意欲を損なう指導には，例えば以下のようなものがあります。
- 学校で教わっていないから使ってはいけない，などと制限をかけられる
- 全員が同じペースで同じ量学習させられる
- 子どもたちが自分の成長を感じにくい
- 教師の指示や説明がわかりにくい

　例えば，一番上の最たる例が「この漢字は学校で習っていないのでまだ使ってはいけません」などという指導です。こういう指導をされると，子どもはもっている自分の力を発揮しようとしなくなります。言われたことだけ最低限やっておけばいいや，という姿勢になってしま

うのです。その他にも，もともとの力が違うのに常に全員が同じペースで学習を進めるのでは，できる子は常に待たされてしまいます。また，一日2時間もある国語の授業で，成長を実感できなければ意欲は衰退していきますし，そもそも教師の指示や説明がわかりにくく何をしたらよいかわからなければ，意欲を引き出しようがありません。

　しかし，再三述べてきているように，基本的には1年生の子どもたちはやる気の塊です。上記のような指導をしないように心がけることで，子どもたちの意欲を損なわないで済むのです。例えば，習っていない漢字もどんどん使わせて，間違えているときには訂正してあげればそれでよいのです。また，できる子はどんどん自分のペースで課題を進めたりたくさんやれたりするように，そうでない子もじっくり自分のペースで取り組めるようなシステムにしたり，同じような活動を日々繰り返していき成長を実感できるようにしたりしていきます。さらに，日々の授業で子どもたちに活動内容がしっかり伝わるように，指示や説明を磨いていくことも重要です。

　このように，国語科に限らず，どの指導においても，上記のような子どもの意欲を損なう指導に陥らないように丁寧に指導を計画していきましょう。

★ 授業は区切って構成し，使い分ける

　1年生の子どもたちにしばしば見られるのが，45分間集中がもたないということです。小学校から急に45分間授業を受けないといけなくなるので，これは当然といえば当然のことです。そこで，はじめのうちは45分間をいくつかのパーツに区切って構成していくとよいでしょう。

　例えば，4月ごろは，「ひらがな帳及び言葉あつめ」（10分）→単語を聞き取る学習（5分）→ペアトーク（5分）→音読（10分）→教科書教材の学習（15分）というように授業を構成します。このように1時間の中に区切れをつくることで，それが子どもたちにとって適度なリフレッシュや切り替えになるのです。そして，子どもたちの様子を見ながら，徐々に教科書教材の学習の時間の割合を大きくしていくようにするとよいでしょう。

　教科書教材の学習以外の時間は，子どもたちの実態やその時期の学習内容に合わせて変化させることもできます。例えば，一文を書く学習をした5月以降であれば，それをペアトークの

代わりに入れよう，などと言ってカスタマイズしていくのです。ただし，毎日毎日入れ替えるのは得策ではありません。ある程度の期間繰り返すことで，子どもたちは活動の見通しをもてますし，自分の成長を実感することができます。例えば，ペアトークで長い時間話が続くようになった，一文づくりでたくさん文を書けた，などです。1時間を区切って構成することは，子どもたちに成長の実感をもたせることにもつながるのです。

　また，1時間を区切って構成するだけでなく，1年生では2時間国語の授業があるので，使い分けることもよいでしょう。つまり，1時間は音読や文字学習，ペアトークなどスキル中心の時間，もう1時間は教科書教材文についてみんなで話し合ったり，じっくりと一つの文章を書いたりする，教科書中心の時間とするのです。そうすることで，しっかり知識・技能を保障しつつ，教科書教材も終えられるようにします。これは，教科書教材を進める時間が長くなってきた年度後半に取り入れるとよいです。

★ 基礎基本を大切に

　1年生ですから，基礎基本は特に大切に指導しましょう。先述のように，特に大切にすべきなのは，文字指導と音読指導です。

　実は，1年生は最も多くの文字の種類を学習する学年です。ひらがなに始まり，カタカナ，漢字と，多くの種類の文字を学習します。文字指導を大切にする，というとどうしても教え込み，徹底的に反復させるということが想像されがちですが，そうすると肝心要の意欲を損なう恐れがあります。ですから，なるべく子どもたちの中にある知識や経験を生かしながら，楽しく学習できるようにしていきましょう。例えば，ひらがな学習は，単に書く練習をさせるだけでなく，どんどん使わせていきます。ある程度書く練習をしたら，すぐに言葉集めをさせます。私の場合，ひらがな帳に言葉集めをさせていき，その数も数えさせていました。文字は使うことで習熟していき，今までは話し言葉でしか知らなかった語が，書き言葉としてその子の中に根づいていくのです。字形に関しては，ある程度使えるようになってから，集中的にお手本との比較をさせることで見違えるほどきれいになります。最初からきれいに完璧に書かせようとしては，かえって子どもの意欲を損ないます（具体的指導法は参考文献を参照ください）。

　音読に関しては，1年生では「教科書（上）暗唱」をゴールに据えるとうまくいきます。1年生の国語教科書上巻には，拗音や促音など1年生の国語指導で大切なことが詰まった唱え歌がたくさん載っています。これらを何度も音読し，親しませることで身についていきます。

【参考文献】
● 土居正博著『1年生担任のための国語科指導法』明治図書
● 土居正博著『クラス全員のやる気が高まる！音読指導法』明治図書

算数

学習の要所と指導スキル

前田　健太

★ 学習内容例

月	学習内容例
4月	● 10までの数
5月	● いくつといくつ ● 何番目
6月	● たし算（繰り上がりなし）
7月	● ひき算（繰り下がりなし）
9月	● グラフ ● 10より大きい数 ● 何時何時半
10月	● 形遊び（立体図形） ● 三つの数の計算
11月	● たし算（繰り上がりあり） ● ひき算（繰り下がりあり）
12月	● 長さくらべ ● かさくらべ ● 広さくらべ
1月	● 形づくり（平面図形） ● 100までの数
2月	● 何時何分 ● たし算とひき算（図を使って考えよう）
3月	● 表とグラフ

⭐ 身につけたい力

〈具体物と体験で数の世界を広げる〉

１年生にとって，抽象的な数の概念は理解しづらいものです。実際の物やブロックを使って数えて，具体的に数の概念を理解させましょう。数直線や数字カードを活用し，数の大小や順序を視覚的に捉えさせることも効果的です。

〈図形に触れて，空間認識能力を育む〉

タイル，立体模型，折り紙，箱や容器などを使って，様々な図形に触れる機会を設けましょう。図形を構成したり，分解したりする活動を通して，図形の性質や構成要素を理解させ，空間認識能力を養います。図形パズルなども，楽しみながら図形センスを磨くのに役立ちます。

〈量の比較を通して，量の概念を体感させる〉

長さ，かさ，広さなど，様々な量の単位に触れさせ，実際に量を比較する体験を通して，量の概念を理解させましょう。身の回りにあるもので量を比べるなどの活動を通して，量感を養うことが大切です。

〈算数を楽しむ仕掛けで，主体的な学びを促す〉

１年生は飽きやすく，集中力が続きません。ゲームなど，子どもたちが夢中になれるような要素を取り入れ，算数を楽しむ仕掛けをつくりましょう。友達と協力して問題を解いたり，教え合ったりする活動を通して，主体的に学ぶ意欲を引き出します。算数が好きになる土台づくりを心がけましょう。

⭐ 繰り上がり・繰り下がりのあるたし算・ひき算は十の意識を

１年生で最も重要な単元は「たし算・ひき算（繰り上がり・繰り下がり）」と言って間違いないでしょう。ここで大切なのは**「十の意識」**です。決して計算の答えを出せることではありません。十を意識することは，この単元で初めてやるわけではありません。「10より大きい数」の単元で，23を「十のかたまりが２個，ばらが３個」のように捉えてきたはずです。そういった考え方を生かしていきます。

また，実は「３つの数の計算」が非常に重要です。次の問題を子どもたちに出してみました。

> バスに子どもが９人乗っています。
> 次のバス停で，□人乗ってきました。
> さらに次のバス停で，７人乗ってきました。
> バスに乗っている人は何人ですか。

C：□がわからないから求められない。　C：式は9＋□＋7だよ。

T：だったら，どんな数なら求めやすそうかな？

　こう子どもたちに問いかけると，子どもたちからは，□を1や3にしたいという声が多く挙がりました。理由を聞くと，□＝1の場合は，9＋1＋7＝（9＋1）＋7＝10＋7，□＝3の場合は，9＋3＋7＝9＋（3＋7）＝9＋10と**どちらも10ができるからうれしい**と子どもたちは言います。ここで，子どもたちに十のよさが共有されました。

　そのうえで，次の時間に□＝0としてみましょう。つまり，9＋7を考えるわけです。多くの子は悩むでしょう。

T：□＝0で9＋7にしたら無理だよね。

C：だって，今度はこの前みたいに10がないから難しい。

C：え，でも，7を分けると10ができるよ！

　そんな中，このような声も上がってくるでしょう。そういう声を拾い上げて，9＋7＝9＋（1＋6）＝（9＋1）＋6＝10＋6のように，7を1と6に分けて，9と1で10をつくるのです。これを右のように図式化したのが，「さくらんぼ計算」と呼ばれるものです。**決してさくらんぼ計算を書くことが目的ではなく，あくまで十の意識があればよい**ということです。ちなみに，9を6と3に分けて計算することもできます。

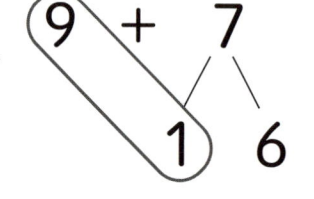

　次に，「ひき算」です。ひき算でも十の意識が大切です。

たまごが14個あります。
けんたくんは6個食べました。
残りのたまごは何個でしょう。

　子どもたちは14－6と立式した後計算するわけですが，右の卵パックの図を使って2通りの説明をします。

　まずは，右のように10個パックから6個を食べるという説明です。この場合，パックは 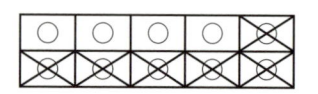  残り10－6＝4（個）となり，パック外にある4個と合わせて4＋4＝8（個）となります。これは，一度10－6＝4と引いて，その後4＋4と足していることから「減加法（げんかほう）」と呼ばれます。

　今度は，右のようにパックの外から食べるという説明をする子もいます。この場合，ま 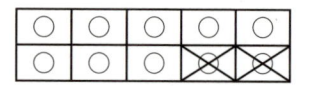 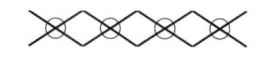 ず外の4個を食べる。全部で6個食べるので，残り2個を10個パックの中から食べます。14－4＝10とひき算をして，さらに10－2＝8とひき算をするので「減々法（げんげんほう）」と呼ばれています。

一けたのたし算・ひき算は最終的には瞬時に答えが出せることが大事ですが，その前にきちんと「なぜその答えになるのか？」を説明できることが重要です。

★ 時計の学習は焦らず，長い目で…

1年生で「時計」を読めない子が多いのは，決して珍しいことではありません。テストの正答率も低いです。時計の読み方は，時間，分といった抽象的な概念を理解し，針の位置と数字を結びつける必要があるため，子どもたちにとっては難しい課題です。

焦らず，長い目で待つことが重要で，日常生活の中で繰り返し触れることで，少しずつ理解が深まっていきます。保護者にも心配させないように事前に説明しておくとよいです。また，時計を使ったゲームなどを通して，楽しみながら時計に親しむ機会をつくることが大切です。

〈時計じゃんけん〉　用意するもの：時計の模型

①時計を12時にあわせる。2人でじゃんけんをして，勝った方は針を1時間進める。負けた方は針を30分進める。

②動かした後に，お互いに時刻を言い合って確認する。

③じゃんけんを繰り返し，先にもう一度12時まで戻ってきた方が勝ち。

★ 図形はとにかく手を動かそう

「形づくり」での色板遊びは，図形感覚を豊かにする貴重な機会です。この経験は，後の「合同」「面積」「垂直・平行」などの図形単元の深い理解につながります。

近年，ICT の普及により，画面上で図形を操作することが容易になりました。しかし，実際に手で色板を「ずらす」「回転させる」「裏返す」といった体験が極めて重要です。安易に ICT に頼るのではなく，まずは具体的な操作を重視しましょう。

手で色板を動かすことで，子どもたちは図形の位置や向きの変化を視覚的に捉え，図形同士の関係性を体感できます。試行錯誤しながら図形を組み合わせる過程で，「合同」や「面積」の概念を直感的に理解していきます。例えば，形を変えずに重ね合わせることで「合同」を，同じ大きさの図形で平面を敷き詰めることで「面積」を学びます。

ICT 教材は補助的に活用するのが望ましく，まずは実際に手を動かして色板を操作する時間を十分に確保することが大切です。遊びを通じて，子どもたちは図形のおもしろさに気づき，興味・関心を高め，図形単元理解の基盤を築いていきます。

さらに，学習の幅を広げるために，色板だけでなく，タングラム，パターンブロック，ジオボードなど多様な教具を用いることをおすすめします。これらをパズル感覚で扱うことで，楽しみながら図形感覚を磨くことができます。

生活

学習の要所と指導スキル

大図　俊哉

★ 学習内容例

月	学習内容例
4月	● 学校探検をして，学校のお気に入りの場所を見つける。 ● 校庭に出て，春の季節を感じる。
5月	● 学校にあるものや場所，学校や通学路にいる人の役割を調べる。 ● 学校で見つけた自然をきっかけにして，アサガオを育てる活動を始める。
6月	● 一人ずつ自分のアサガオを世話したり，観察したりする。 ● 自分のアサガオが喜びそうなお世話を考える（置き場所，水やり方法，支柱など）。
7月	● アサガオと自分の背を比べたり，これまでのアサガオの世話を振り返ったりする。 ● 水やシャボン玉などで遊び，夏の季節を感じる。
9月	● 校庭にいる生き物を探して捕まえたり，観察したりする。 ● すみかを作ったり，世話の仕方を調べたりして，飼育活動を始める。
10月	● これまでの世話を振り返ったり，自分と生き物との思い出アルバムを作ったりする。 ● 校庭にある秋を探し，秋の材料でできるおもちゃや遊びをつくる。
11月	● 秋のおもちゃ祭りを計画し，自分のおもちゃで遊んだり上学年を招待したりする。 ● 育ててきたアサガオのツルでリースづくりをして，家に持ち帰る。
12月	● 家での自分の行動を振り返ったり，家族の行動を思い出したりしてまとめる。 ● 家族のためにできることをしていく「家族にっこり大作戦」の活動を始める。
1月	● 冬休みに行った「家族にっこり大作戦」を紹介し合い，よりよくする方法を考える。 ● 「家族にっこり大作戦」の活動や，家族との思い出を振り返る。
2月	● 校庭に出て，冬の季節を感じ，雪遊びや氷遊び，風遊び，影遊びなどをする。 ● 一年間の活動で思い出に残っていることを絵本やアルバムにしてまとめる。
3月	● 「できるようになったこと」を書き出し，それを支えてくれた人がいるかを考える。 ● ２年生になったらどんなことがしたいかを考え，新学期への思いを高める。

⭐ 身につけたい力

生活科において，筆者が考える「1年生で身につけたい力」は三つあります。

一つ目は，子どもが自分の思いや願いをもち，それを素直に表現できることです。子どもたちが「○○してみたい」「△△ってどうするの？」のように，素朴なつぶやきを言いながら，自分の思いを表現していくことは，その子なりの豊かな活動をつくっていくことにつながるでしょう。また，活動中に「この形は□□みたい」「◇◇を見つけたよ」のように，感じたことや気づいたことを言語化することも大切です。文字で書くのが難しい発達段階でも，口に出すことで気づきを自覚化したり，他の子どもたちと共有したりすることができます。

二つ目は，やってみたいこと，思いついたことを何度も試し，対象と繰り返しかかわろうとすることです。子どもは，活動に没頭していくうちに，しばしば「いいこと思いついた！」と直感的に言うことがあります。その思いついたことすべてが，子どもにとっての「いい結果」につながるというわけではありません。ですが，自分が思いついたことを何度も試し，試行錯誤していくその過程は，価値ある学びにつながります。一度や二度であきらめたり飽きたりせず，繰り返し対象とかかわろうとすることが大切です。

三つ目は，活動や対象に対して，自分の「お気に入り」や「こだわり」をもつことです。生活科の学習指導要領では，対象を「自分とのかかわりで捉える」ことや，「自分自身への気づき」が生まれることを特に重要としています。しかし，1年生の子どもが活動の中で自分自身を俯瞰的に見ていくことは容易なことではありません。なぜなら子どもは，目の前の対象を見たり感じたりすることに夢中になるからです。そこで活動や対象に対して，自分の「お気に入り」や「こだわり」をもつことで，対象に対して「自分」がどのように思っているのか，どのようにかかわっているのか，ということが少しだけ見えてくるようになります。例えば，「僕はアサガオの芽にそっと水をあげたよ。だって折れないようにして，ぐんぐん育ってほしいから」という内容を子どもが発言したとします。この発言には子どものお世話の「こだわり」が表れています。また，アサガオが丈夫に育ってほしいと思っている自分自身にも気づき始めているといえるでしょう。

教師は，以上のような子どもの姿を想定し，身につけたい力を意識して指導にあたることが求められます。

⭐ 子どもの思いをいったん受け止める心構えをもつ

上述のような力を身につけさせていくためには，やはり子どもの「思いや願い」が一番大切です。そのため，活動や方法をすべて教師が示したり，教え込んだりしていてはこれらの力はついていきません。子どもが表現する「○○してみたい」というつぶやきを，特に価値あるも

のとして受け止め，授業の中で大切に取り上げることが肝心です。時には，子どもが発言した提案や疑問が解決できなさそうなものであったり，教師から見て合理的でないものだったりします。そういったときでも大事なことは，教師の一言目の返答で否定しないことです。具体的には「でも，それはできないよ」や「今それは関係ない」などの返事を意識的にしないようにすることです。教師は最短距離で学ぶ道筋を知っているので，ついこれらの発言をしてしまいそうになりますが，子どもにとっては今まさに多様な道筋で学んでいる過程にいるのです。ある意味，突拍子もない発言が出るのは当然のことだと，心構えを大きくもちましょう。

　一方で，子どもの言うことをすべて叶えてあげなければならない，ということではありません。子どもから様々なアイデアや提案が出てきたときには，他の子どもたちに聞くとよいでしょう。「○○はできそうかな」「どうすればできそうかな」のように問い返していくと，子どもたちと一緒に実現可能な方向に自然と向かっていけるでしょう。また，子どもたちも「自分たちで授業をつくっている」ということを実感できるはずです。このような経験を積み重ねることで，子どもたちは豊かに思いを表現し，自分たちで調整しながら活動に進んでいきます。

⭐ 単元の始まりにひと工夫を仕掛ける

　生活科の学習内容の多くは，子どもたちの暮らしや学校生活の延長線上にあるものがほとんどで，その多くが子どもにとっても学ぶ必然性を感じやすいものです。例えば，「学校探検」の単元は，小学校で初めて生活していく子どもたちの「どんな部屋があるんだろう」「どんな人がいるんだろう」という自然な思いとつながっています。

　そこで，単元のスタートも大事にしていきたいポイントです。教師が「今日からアサガオを育てましょう」や「今日から家族のために自分のできることをしていきましょう」などのように提案をしてから単元をスタートさせることは教師主導の始め方です。これでは子どもが，次第に教師の提案を待つようになってしまいます。

　単元を自然に始めるためには，具体的に二つの方法があります。一つ目は，前単元の中に次の単元につながる要素を意識的に見つけておくことです。筆者の場合では，アサガオの学習の前には，学校探検をしている子どもの様子をよく見ておきます。「花壇に興味をもつ子ども」や「理科で発芽の学習をしている上学年を見つけた子ども」を撮影しておき，学校探検の学習の流れで子どもに提示します。すると，「僕たちも育てたいな」のような思いが自然と出てきます。また，外に出て水やりなどのお世話をしている様子にも，次の「水遊び単元」の要素を見つけることができます。このように，単元と単元の接続を意識することが大切です。

　二つ目は，子どもの普段の学校生活の様子から次の単元につながる要素を見つけておくこと

です。例えば，季節の単元では生活科の授業を待たずして，自ら外で遊んでいる子どもたちが多くいるでしょう。そういう子どもの様子を普段からよく見ておいたり，撮影したりすることで，単元を始めたくなるような自然な声がけができます。例えば「Ａさんがやっていたどんぐり遊び，おもしろそうだね。これってみんなもできそうかな？」のような声がけです。当然こういう会話は，授業中でなくてもいいのです。朝の準備中，休み時間の雑談中など，たくさんチャンスがあります。周りの子どもたちがのってきたら「じゃあ生活科の授業で，みんなでやってみようか。そのときはＡさん，いろいろ教えてね」のようにすると，教師の提案ではなく，子どもの遊びや生活の延長で学びを始められるのです。

さらに，次の単元につながりそうな具体物を教室に用意しておき，誰でも使えるようにしておく，といった仕掛けも有効です。例えば，学習内容に関連する絵本や身の回りの素材（ペットボトルやトイレットペーパーの芯など）です。子どもが興味をもち，休み時間などで手にするところをよく見ておきましょう。

先述した年間の学習内容例は，自然な形で学習がつながっていくことを想定して書いています。自分だったらどのようにつなげられそうか考えてみてください。

⭐ 子どもを見取り，思いを問う

活動が始まると子どもは，目の前の対象を見たり感じたりすることに夢中になり，没頭していきます。教師は，そのときの子どもの姿をよく見て，わかろうとすることがとても重要です。これはよく，子どもの「見取り」と呼ばれます。大事なことは，子どもが「何をしようとしているのか」「どんなことにこだわっているのか」「どんなことに興味をもっているのか」ということを理解しようとして見ることです。

このときのポイントは，教師が子どもにかかわる前に，数秒間見て待つことです。意識をしていないと，子どもが考えている途中や子どもたちが大事な対話をしている最中に，教師が割って入ってしまいます。これでは，子どもの思考が途切れてしまいます。子ども一人一人の行動や発言が，その子にとってどんな意図や意味があるのか，いったん見て待ち，考えてみましょう。

そして，子どもから教師に話しかけてきたり，子どもの行動が一度落ち着いたりしたタイミングで，「さっき〇〇していたけど，どうしてそうしたの？」のように問いかけてみます。子どもはきっと「だって…って思ったから」と話してくれるでしょう。その発言に，その子どもの思いや意図，こだわりが表れてくるのです。そのとき見たり聴いたりした内容は子どもを見取るうえでとても貴重な情報となります。その場で共感・反応することはもちろん，確実に記録しておき，授業中に取り上げて価値づけを行うことが重要です。

音楽

学習の要所と指導スキル

土師　尚美

⭐ 学習内容例

月	学習内容例
4 月	● リズムを打ってつなげよう ● 学校の歌（校歌）を歌おう
5 月	● イメージをふくらませて「かたつむり」を歌おう ● 音楽に合わせて体を動かそう
6 月	● 鍵盤ハーモニカと仲良くなろう ● 蓮の花になって「ひらいた　ひらいた」を歌おう〜蓮の花の時期と合わせて〜
7 月	● 様子を思い浮かべながら「うみ」を歌おう ● 拍に合わせてリズムを打ったりつくったりして遊ぼう
9 月	● 運動会に向けて（運動会の歌を歌おう） ● 音の高さに気をつけて「日のまる」を歌おう
10 月	● おはなしに合う音を見つけてつなげよう ● 音楽会に向けて①（拍にのって歌ったり，演奏したりしよう）
11 月	● 音楽会に向けて②（拍にのって歌ったり，演奏したりしよう） ● 旋律で呼びかけ合って歌ったり，そのよさを感じて聴いたりしよう
12 月	● 劇遊びをして歌おう〜国語との関連〜 　（例：大きなかぶ，おむすびころりん）
1 月	● わらべうたを聴いたり歌ったりして遊ぼう 　（例：おちゃらか，おおなみこなみ，おせんべやけたかな）
2 月	● 6年生を送る会に向けて（思いを音楽で表そう） 　（例：6年生との思い出を振り返り，替え歌をつくる）
3 月	● 歌や楽器を合わせて演奏しよう ● 合奏の楽しさを感じて聴こう

⭐ 身につけたい力

　1年生は，他教科と同様に音楽でもこれからの基礎となることをたくさん学びます。音楽科では表現（歌唱・器楽・音楽づくり）と鑑賞があります。どの学年でもこのすべてに取り組まなければいけません。1年生では特に二つのことに気をつけて学習できるようにしていくとよいでしょう。

❶ たくさんの場面で拍を感じる活動を

　仲間と一緒に歌ったり，演奏したりする中で，「心地よい」「ぴったり合っている」と感じるのは，同じ拍を感じているからです。この同じ拍を感じる経験をたくさん積みましょう。例えば，わらべ歌で遊ぶとき，教師が手や楽器で拍を打ったり，鍵盤ハーモニカを演奏するとき，左手の伴奏は和音で拍を演奏したりすることもできます。音楽の拍に合わせて歩くこともいいですね。「これが拍を感じるということか」と実感を伴ってわかるようにしておきましょう。

❷ いろいろなことを真似る活動を

　見たことを真似る，聴いた音を真似る，友達がした動きを真似る。1年生でのこの経験が，学年が上がったときに，表現したいと思った音を出すことができる力へとつながっていきます。「先生と同じような声が出せるかな」「ピアノの音と同じ音を鍵盤ハーモニカで吹いてみよう」……最初はうまくいかなくても，「そっくりだね」「お〜，いいね」「これは，いけるかな」と教師も楽しみながら取り入れてみましょう。

⭐ 【歌唱】イメージをふくらますって楽しい！

　音楽の授業で歌を歌うとき，教師は，何に気をつけるとよいのでしょうか。ただ伴奏を弾いて「大きな声で，元気よく！」だけではいけません。授業である以上，そこに学びが必要です。その学びに向かうために大切なのが，イメージを広げるということです。例えば「かたつむり」の歌詞を思い出してください。子どもたちに「この歌は誰が歌っているんだろうね」と尋ねると「かたつむり！」と言う子がいます。そこで教師が歌詞を読んでみます。「あれ？　目玉はどこにある？って聞いてるから，かたつむりじゃないよ」と気づく子が出てきます。かたつむりを見ている人が歌っていることに気づけ

学級づくりのポイント

授業づくりのポイント

ば、「その人は何歳ぐらい？　どんな気持ちなんだろう？」とみんなで具体的にイメージを広げていきます。本物のカタツムリを用意したり，カタツムリ役をつくったりして，そのカタツムリに向かって，イメージした人になりきって歌ってみましょう。教師が「こうやって歌おう」と言わなくても，自分なりに考えて表情豊かに歌うことでしょう。この歌で速度を学ばせたいのであれば，そのイメージが広がった状態から，速度について捉えさせていきます。

★ 【器楽】「できた！」を積み重ねる

　１年生から鍵盤ハーモニカを使う学校も多いことでしょう。教科書にも載っているので，簡単なようですが，実はとても難しい楽器です。タンギングをしながら息を入れ，指番号や音の場所を覚え，いろいろな指を使って演奏する……頭でわかっていても指が思い通りに動かない子もいます。どの子も鍵盤ハーモニカが楽しいと思うためには，「できた！」を積み重ねていく必要があります。

> □飽きずに何度も吹く工夫をする（全員で吹く，列ごとに吹く，一人ずつ吹くなど）
> □毎回の授業で少しずつ吹く小節を増やす
> □録音してみんなで鑑賞する
> □全員が吹けるようになったら，クラスでミニ発表会をする

★ 【音楽づくり】「私の考え」が入るようにつなげる

　子どもたちは音楽づくりが大好きです。「こんなのどう？」「これいいと思うんだけど」と次々にアイデアが浮かんできます。１年生では，自分の考えが作品に生かされると実感できる経験をしましょう。

　音楽づくりで大切なことは，完成した作品ではありません。創っていく過程を大切にする必要があります。教師は，グループで一つの作品を創ってみんなの前で発表して……と考えすぎず，音楽を創っていく過程が楽しい授業を意識していきましょう。

⭐ 【鑑賞】全身で感じ取る

まだまだ語彙数が少ない1年生。聴いた曲について聞いても，「いい」「楽しい」と短い言葉で返ってくることはよくあります。これではダメだと「どの辺が？」とさらに詳しく聞いても，「わからない……」「忘れました」で終わってしまうこともしばしば……。

そうならないために，曲を聴いて自由に身体を動かす時間をとってみましょう。約束は，曲とぴったり合うように動くことです。最初は曲全体の雰囲気を捉えて動き出すでしょう。教師も一緒に動いて雰囲気をつくっていきます。何度か繰り返し曲をかけて動いているうちに，曲想が変化したところで動きを変える子や，楽器の音に注目して演奏の真似をする子などが出てきます。「どうして動きを変えたの？」「これは何をしているの？」と聞くことで，「だって，～だもん」「ラッパの音が聴こえるから」と発見したことをみんなに伝え始めます。「ほんとだ！」「私も聴こえたよ」と，どんどんと曲の一部や全体を捉えた意見が出てくることでしょう。教師はそれを板書し，まとめていきましょう。

身体を動かす→感じたことを言う→みんなで確かめる→また身体を動かす……

クラスの子どもたちが「楽しい」「もっと聴きたい」と思う方法を見つけましょう。「この気持ちはこういう風に言うのか」と知ることが，これからの鑑賞の授業での言語活動の充実へとつながっていきます。

図画工作

学習の要所と指導スキル

渡邊　裕樹

⭐ 学習内容例

月	学習内容例
4月	● すきなものなあに［絵］（主な材料・用具…クレヨン） ● ちょきちょきちょっきん［工作］（折り紙，はさみ）
5月	● はるのすなばーらんど［造形遊び］（砂・土・水） ● いいものみっけ！［鑑賞］（身近な自然材料）
6月	● ねんどたいそう［立体］（粘土） ● はさみのおさんぽ［工作］（紙，はさみ）
7月	● これなーんだ？［絵］（いろいろな形の紙，クレパス・色えんぴつ） ● ならべてならべて［造形遊び］（身近な材料）
9月	● いろいろカラフル［造形遊び］（絵の具・水，カップ） ● ひらひらふわふわ［工作］（おはながみ・ビニールなど，はさみ・のり）
10月	● ねんどじまのぼうけん［造形遊び］（粘土） ● えの中のものがたり［絵］（クレヨン・画用紙）
11月	● あきのすなばーランド［造形遊び］（砂・土・水など，シャベル・バケツなど） ● はこはこワールド［立体］（紙箱・様々な材料，はさみ・のり・接着剤・テープ）
12月	● いろとかたちのパーティー［絵］（いろいろな材料，共同絵の具・画用紙） ● つなげてつなげて［造形遊び］（紙，のり）
1月	● ねんどで○○大さくせん！［造形遊び］（粘土） ● トコトコドッスン［絵］（共同絵の具，筆・紙）
2月	● ころころパチン［工作］（ロール芯・紙皿・箱など，はさみ） ● カタチコレクション［絵（版）］（スチレン版・身近な材料，版画インク・紙）
3月	● ずこうパーティーをしよう！［絵・立体・工作・鑑賞］（様々な材料と用具） ● 見つけたよ！わたしの「いいな」［絵・立体］（様々な材料と用具）

⭐ 身につけたい力

❶ からだを通して，世界にかかわる

　１年生の子どもは，自分を取り巻く世界に対して「からだごと」かかわり，全身で感じたり活動したりすることを楽しみます。何かに興味があるとき，「見たい！」「知りたい！」と思うような場面では，立ち上がったり，直接触れようとしたりします。

　このような幼児期から低学年の子どもに見られる「からだを通して，世界にかかわる」姿こそ，図工の学びの中で最も大切な姿の一つです。

　からだを通して感じること（感覚）や，やってみること（行為）を繰り返す中で，「気持ちいい〜」「なるほど！」「あっ，いいこと考えた！」「どうやってつくろうかな？」など，気づいたり（理解），ひらめいたり（発想），考えたり（構想），つくりだしたり（創造）すること。これが図工の学びなのです。

　これは１年生に限らず，６年生まで引き続き大切にしたい姿です。

　幼児期から「からだいっぱい感じる喜び」をたくさん味わってきた１年生だからこそ，図工の時間に様々な形や色，材料に出会い，手や体全体で触れて感じてつくる楽しさをたっぷり味わうことが大切です。

　中には「汚れるから」などという理由で，手で直接触れる体験をあまりしていない子どももいますが，図工という学習の時間だからこそ，触れたことのない素材や，使ったことのない用具に意図的に出会わせ，あるいはよく知っている材料，その形や色，扱いやすい用具の新たな可能性を再発見できる時間をたっぷり用意しましょう。用具を安心して使えるように，安全な使い方，使う環境には十分配慮してください。また，手が汚れることに抵抗の強い子には，すぐに手をふける環境を用意するなど，安心して取り組めるようにしましょう。

　一年間の図工の活動を通して，子どもが「手で触るって楽しい！」「自分なりにやってみるっておもしろい！」と思えることが，２年生以降の図工の学びにとって大切です。

❷「わたしの『いいな』」をつくりだす

　図工の時間は，作品をつくりあげることが目標ではありません。作品をつくることは「手や体を通して世界にかかわる中で，気づいたり，ひらめいたり，考えたり」するための方法であり，結果（成果物）に過ぎません。子どもたちに身につけてほしいのは，作品を仕上げる力ではないのです。

もっと大切なのは，作品をつくる中で，それぞれの「わたしの『いいな』」（意味や価値）をつくりだすことです。「これ，いいでしょ！」と胸を張って表現する姿こそ，評価してあげたいものです。

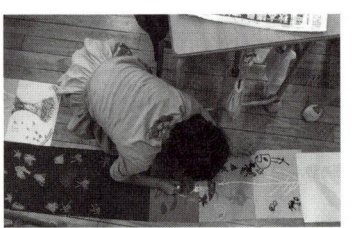

「そんな色の使い方があったんだ！」「その形おもしろいね！！」と，まずは先生自身が一人の鑑賞者として，子どものつくりだした唯一無二の「これいいな」を共に味わいましょう。

先生の完成のイメージに，子どもたちの表現を近づけるような指導に陥らないように，子どもたち自身が材料との自由闊達なかかわりの中で，思い思いに気づきやイメージを広げられる授業（題材）づくりを心がけていきましょう。表現の主人公はいつも子どもたちです。

★ 「感じて・ひらめき・かんがえ・つくりだす」活動を支える材料と用具

❶ ねんど（粘土）

造形遊びや立体，工作に表す活動で，迷ったら「粘土」を使うことをおすすめします。

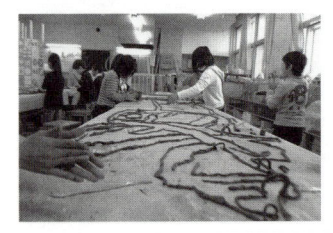

粘土は，子どもたちが感触を味わうのにもってこいの素材で，ちぎる，伸ばす，丸める，つぶす，つなげる，掘る，切る，くっつけるなど，子どもたちの様々な行為を受け入れてくれる万能な材料です。
子どもが幼児期に使っていた油粘土を持っていれば，それを持ってきてもらってもよいですし，軽量紙粘土や土粘土も安く購入できます。一年を通して繰り返し使うことで，気づきや表現も深まります。

油粘土	乾かないので保管しやすく，繰り返し使えます。一時的に形に残せますが，色をぬって仕上げるのには向きません。
軽量紙粘土	乾くと硬くなるので，チャック付きの袋で保管しますが，繰り返しの使用には限度があります。水を入れることでやわらかくすることができます。すぐに固まるので，形を残すのに向きます。また，絵の具や水性ペンのインクなどを混ぜ込んで色粘土にしたり，絵の具などで上から着色したりすることもできます。
土粘土	時間がたつと固まってしまうので，ふた付きバケツにポリ袋を入れて，その中にしまうなど乾かさない管理が必要ですが，永久的に繰り返し使えます。水を入れることでやわらかくなります。また，キロ単位で購入できるので，大きなまとまりで用意することで共同での活動にも向きます。形に残す場合は，乾燥させてから焼くことができます。
天然の粘土	地中から掘って見つけることが宝探しのようでおもしろく，子どもたちは大好きです。市販の土粘土のように形をつくることは難しいですが，水を混ぜることで粘り気のある泥になり，泥団子づくりにも活躍します。

❷ 紙

新聞紙

たくさん手に入りやすいので，ダイナミックな造形遊びに向きます。一枚のサイズも大きく，全身で触れたりつくったりすることができます。やわらかく縦方向に裂くことができるほか，千切る，丸める，折る，水で溶かすなど，子どもたちの様々な行為に応えてくれます。絵を描く際の養生用としても優れものです。

コピー用紙（裏紙でよい）

Ｂ５，Ａ４，Ｂ４など学校ではコピー用紙をたくさん使います。表面にプリント済みの裏紙は，どこの学校にもたくさん余っているはずです。画用紙よりも薄く，はさみで切ったり，のりでくっつけたりするのに最適な素材です。使い終わっても資源として古紙リサイクルできるので，抵抗なくたくさん使うことができます。

画用紙

四つ切，八つ切などのサイズ（原紙を何枚かに分けた大きさ）や，90kg，110kgなどの重さ（原紙千枚分の重さ）がありますので活動に応じて大きさや厚さは考慮しましょう。基本的に絵を描くための紙が画用紙です。絵を描く紙が大きすぎると，失敗を恐れ，かえって表現が小さくなる場合もあります。八つ切をさらに半分（16切），その半分（32切）と事前に切って小さくすることもできるので，活動に合う適切なサイズを考えて用意しましょう。

❸ 土や砂

地球上ならほぼどこにでもある素材でありながら，最も優れた造形材料です。学校に砂場がある学校はぜひ活用しましょう。砂場がなくても，使われていない菜園や校庭の一角などを，校内での了承を得て活用しましょう。「すなばーランド」「土ランド」など，子どもたちと名前をつけても楽しいです。水も使うと活動がダイナミックに変化します。移植ゴテ（ミニスコップ），バケツ，フルイ，左官ゴテなど，用具次第で活動の幅が広がりますが，まずは手で活動することから始めましょう。

　ここでは粘土と紙，土・砂を紹介しましたが，今は，様々な材料が流通しており，手に入れることができます。ぜひ教材研究をして，子どもたちが豊かに感じられ，自由な行為を可能にしてくれる優れた材料や用具を，先生自身が発見し開拓することも楽しんでください。

　学校や地域ならではの材料（海・山・川が近い場合などは子どもたちにとって身近な素材や，近所に工場があってたくさん手に入るものなど）を使うのもよいアイデアです。材料集めは，家庭や地域，そして子どもたちに呼びかけ，日頃から集めておきましょう。材料探し・集めは，生活の中での形や色への関心や気づきを広げるきっかけにもなります。

体育

学習の要所と指導スキル

眞砂野　裕

 ## 学習内容例

月	学習内容例
4月	● 体ほぐしの運動遊び「仲間あつめ」（コミュニケーションを深める運動遊び） ● 鬼遊び「歩き鬼」（5歩ずつ歩く鬼遊び）
5月	● 鬼遊び「バナナ鬼」（タッチされて動けなくなっても，仲間が助けてくれる鬼遊び） ● 多様な動きをつくる運動遊び「キラキラボール」（自分だけのボールを投げる遊び）
6月	● 器械・器具を使っての運動遊び「忍者ランド」（校庭の固定遊具で忍者の修行） ● 表現リズム遊び「遊園地に行こう」（即興表現を楽しむ表現遊び）
7月	● 水遊び（水かけっこ・動物遊び・鬼遊びや，いろいろな浮き方に挑戦する水遊び）
9月	● 多様な動きをつくる運動遊び（ボール・フープ・長なわ等を使った運動遊び） ● リレー遊び（コースや途中の障害物を工夫したリレー遊び）
10月	● 走・跳の運動遊び（30〜40m程度のかけっこ遊び） ● 表現リズム遊び「曲に合わせて踊ろう」（軽快なリズムに合わせるリズム遊び）
11月	● 鉄棒を使った運動遊び（手や腹で体を支えたり，体を丸めて前に回って下りる遊び） ● 的当てボールゲーム（投げたり蹴ったりして的をねらうボールゲーム）
12月	● ドッジボールアラカルト（多様なコートでドッジボールを楽しむ） ● 走・跳の運動遊び（ケンパーや助走からの片足踏み切りで前方や上方に跳ぶ運動遊び）
1月	● マットを使った運動遊び（いろいろな方向へいろいろな転がり方を楽しむ遊び） ● 力試しの運動遊び（友達と押し合ったり，引っ張り合ったりして競い合う運動遊び）
2月	● 跳び箱を使った運動遊び（いろいろな跳び乗りや跳び下り方を楽しむ遊び） ● マイペース走（無理のない速さで2〜3分のかけ足を続ける遊び）
3月	● 体ほぐしの運動遊び「風船で遊ぼう」 （風船を使ってグループで回数や移動する速さを競い合う運動遊び）

⭐ 身につけたい力

❶ 動きを工夫する力

　この力の育成には，子どもとともに工夫の視点を共有し，可視化し，積み重ね，意図的に活用していくことが重要です。次の二つの力を身につけさせていきましょう。「ボールを上に投げて捕る」という動きをもとに説明します。

〈動き方の種類を増やしていく力〉

[共有したい工夫の視点]

①他の動きを加えてみる

　　例：ボールを投げる＋手を1回たたいてから捕る

②方向・距離を変えてみる

　　例：ボールを投げて捕る⇒もっと高く投げて捕る

③人数を変えてみる

　　例：一人がボールを投げる⇒別の子どもが捕る

こうした工夫の視点を掲示物として日常的に可視化しておきましょう

〈動き方を上手にしていく力〉

[共有したい工夫の視点]

①子どもの気づきを大切にする　　例：「あ！　腕を曲げずに投げるとうまくいくぞ」

②個々の気づきを拡げる　　　　　例：「〇〇さんが気づいたことを教えてくれるよ」

③言語化させる　　　　　　　　　例：「腕をピーンとして投げるといいよ！」

　　※体の部位＋オノマトペで言語化することに慣れさせておくといいですよ。

④意図的に活用する　　　　　　　例：「みんなも，腕をピーンとして投げてみよう！」

❷ 仲間とともに楽しむ力

　この力を育成する場面は，主に次の三つの場面があります。

〈はじめのルール（やり方）を変える場面〉

　このときのキーワードは「みんながもっと楽しくなるためには？」です。一人の思いだけで方向性が決まらないように留意しましょう。

〈グループで話し合う場面〉

　チームの作戦を考えるなど，グループで話し合う場面を大切にしましょう。

〈授業を振り返る場面〉

　授業の終わりは，本時のめあての振り返りとともにがんばった仲間を称賛する時間をとりましょう。友達のよさに気づいた子どもへの称賛も忘れずに。

なかなか自分の思いを話せない子には，教師が代弁することも積極的に行ってください

⭐ 「授業前」にチェックしておきたい四つのポイント

子どもたちが「体育，大好き！」になるため，次の自己チェックをしてみませんか？
「授業前」と「授業中」に分け，全部で八つのポイントをお示しします。

〈「めあて」が明確になっている〉

教科書のない体育は，活動だけに終始しがちです。学習のめあてを大切にしましょう。

☐ 単元終了時，「子どもたちに残したいもの（単元全体のめあて）」が明確になっている

☐ 本時のめあてが明確になっている

〈技能のポイントを押さえている〉

本時で引き出したい動きのポイントを押さえていますか？　このポイントは二つあります。

☐ 動きのバリエーションを増やすポイントを押さえている

☐ 動きを上手にさせるためのポイントを押さえている

〈既習経験を押さえている〉

教科書のない体育では，教師が意図的に既習内容を積み重ねていく必要があります。

☐ 前時までで，本時に生かしたい内容（子どもの発言や動き等）を押さえている

〈学習準備が整っている〉

運動内容によって，事前に準備しておくべきことがあります。［必ず必要なもの］［あると学習効果が高まるもの］の二つに分け，実情に合わせて準備しておきましょう。

☐ ［必ず必要なもの］が準備してある

例：ボールなら……個数の確認，空気が入っているか，ボールかごは取り出しやすいか

☐ ［あると学習効果が高まるもの］が準備してある

例：ボールゲームなら……作戦を考えるカード，対戦表（どのコートで対戦するかも含めて）

⭐ 「授業中」にチェックしたい四つのポイント

〈子どもと一緒に楽しんでいる〉

生涯にわたって「体を動かすことは楽しい！」と思える資質・能力を育成することが体育の最大目標です。先生も一緒に楽しみましょう。

☐ 授業中はおおむね笑顔で子どもと接している

〈注目すべき個人・チームが定まっている〉

広範囲で多様な動きを伴う体育です。とても全員を均等に見取ることはできません。戦績や活動の様子，学習意欲などから着目すべき個人・チームを定めて授業に臨みましょう。

☐ 本時の注目児童・チームに有効な観察や助言ができている

授業中は指導者であり，子どもたちのサポーターです

〈子どもの「やってみたい！（主体性）」を生かした授業にする〉

　すべて教師主導ではなく，子どもの「やってみたい！」を生かす余白をもって授業に臨みましょう。特に個人での学習がメインとなる「体つくりの運動遊び」「表現リズム遊び」などは，この余白こそ学びの中核になりうるものです。

　□ 子どもの「やってみたい！」を大切にした授業展開を心がけている

　　例：フラフープを使った運動遊び

このフープでどんなことができそう？

キャッチボールみたいに転がす！

体で回す！2本同時に！

じゃあ，自分だけの技を考えてみよう！

〈リスクマネジメントを意識した授業にしている〉

　思わぬケガやトラブルが起こるのも体育の特徴です。子ども自身の危機管理意識を高めつつ，常にリスクマネジメントを心がけましょう。

　□ 子ども自身に本時のリスク（ケガやトラブル等）を意識させている
　□ 子どもの気づかないリスク（動線の重なり，熱中症等）にも留意している

⭐ 「体育日記」をつくる

　活動が多様で評価のしづらい体育です。自由記述の「体育日記」を活用することで，子どもの内面（思考力・判断力・表現力，学びに向かう力等）が見えやすくなります。書式はノート形式が管理しやすいです。一年間続ければ，子どもの成長を保護者に説明する資料にもなります。

⭐ 「用具の工夫」を楽しむ

　用具が子どもの意欲をさらに引き出すことがあります。安全には留意しながらも，既製品ではない用具の工夫をしてみませんか？　例えばこんなものをあなたの学校でも探して使ってみましょう。体育をもっと楽しく！　教師も楽しみましょう！

　例①的の工夫：開いた傘を逆さにして球を入れる的にする（高所に引っ掛けることも可）
　例②障害物の工夫：ダンボールに絵を貼って跳び越す障害物にする

特別の教科　道徳

学習の要所と指導スキル

広山　隆行

⭐ 学習内容例

月	学習内容例
4 月	● あかるいあいさつ ● 学校生活を楽しく
5 月	● やくそくやきまりを守って ● みんななかよく
6 月	● じぶんでやることはしっかりと ● だいすきなこと
7 月	● 生きものにやさしく ● ふるさとに親しみをもって
9 月	● すなおにのびのびと ● だいじなしごと
10月	● いのちを大切に ● よいと思うことはすすんで
11月	● あたたかい心でしんせつに ● 家族にやくに立つことを
12月	● 日本のぶんかにふれて ● がんばったこと
1 月	● はたらくことのよさ ● きもちのよいふるまいを
2 月	● すがすがしい心で ● ありがとうをさがそう
3 月	● お世話になっている人にかんしゃして ● できるようになったこと

⭐ 身につけたい力

 １年生の道徳で身につけたい力を学習内容面と授業面から示します。

 学習内容面では，発達段階として①基本的な生活習慣，②善悪の判断，③きまりを守ることを中心に重点的に指導します。学級の実態にもよりますが，まずは一人で適切な学校生活が送れるための道徳性を身につけさせます。そのために，授業後は学習したことを普段の生活と関連づけながら指導していくとよいでしょう。

 授業面では，教材と自分の経験をつなげて話をする力を身につけさせましょう。１年生は発表するのが大好きです。最初は自分のことを発表することで十分ですが，発表することが目的になり，話が脱線し授業とのかかわりが薄くなることがあります。１年生の終わりには「私だったら……」「僕も〜みたいに」と教材とのかかわりの中で発表できる力を身につけさせましょう。

⭐ 教材の世界にしっかりと浸らせ，経験を語らせる

 読み物教材を扱う場合は，まずはその世界にどっぷりと浸らせます。

 「このとき，どんな気持ちだったのかな？」

 「(登場人物は) どうしてこんなことしたのかな？」

 このように登場人物の心情や言動を考えさせます。

 よく「展開後段」として教材から離れ，自己を見つめさせる展開が基本形として紹介されていますが，１年生になりたてのころは，まだ自分のことを客観的に見つめることが難しいです。ですから，わざわざ教材から離れて，「自分に振り返ってみよう」と，自己を見つめさせるのは無理があります。

 中学年・高学年を続けて担任していた先生が１年生を担任すると，「なんで教材から離れて自分事として振り返ってくれないんだろう」と悩んでおられることがありますが，１年生の発達段階では仕方のないことです。無理やり教材から離れて自己を見つめる必要はありません。むしろ，教材の世界にしっかりと浸り，その世界の中で「かぼちゃさんが車にひかれてかわいそう」「かぼちゃさんが悪いんだよ」などと登場人物の心情に寄り添わせてあげましょう。

 ただし，１年生も学校生活に慣れてきた２学期の後半ぐらいから２年生に向けて少しずつ，次のような発問で自分のことを振り返らせていきましょう。

 「自分も似たようなことはなかったかな？」

 「かぼちゃさんみたいにならないようにするにはどうしたらいい？」

 少しずつ，これまでの自分やこれからの自分を見つめられるようにしていきましょう。

学級づくりのポイント

授業づくりのポイント

導入は二つの型を効果的に使う

　道徳の導入には2通りあります。

　導入は次の二つのどちらを使うかを意識するだけで授業の入り方が上手になります。

- 価値への導入
- 教材への導入

　具体的に「わがままをしない」など，節度・節制を教える教材として全教科書に用いられている「かぼちゃのつる」を例にします。

　まず「価値への導入」についてです。例えば，授業の最初に次のような発問をします。

　「これまでにわがままなことをしたり，されたりしたことはありませんか？」

- 欲しいおもちゃがあったから，買って！ってわがままなことを言ったことがある。
- 弟に，私のノートが欲しいってわがままを言われたことがある！

　これは，授業のねらいとなる節度・節制について，子どもの経験を語らせる意図があります。その後，次のような話をすることになります。

　「今日は，みんなが言ってくれたような，わがままなことをして大変なことになってしまったお話です。それでは教科書を開きましょう」

　導入から，ねらいとする価値について聞いているので，授業をねらい通りに進めやすいというメリットがあります。子どもにとっても「今日の勉強は，わがままなことをしちゃいけないんだな」と理解しやすくなります。その代わり，ねらいがはっきりしているだけに，子どもたちの多面的・多角的な意見が出にくくなります。また，いつも価値への導入をしているとワンパターンな授業展開になりがちです。

　次に「教材への導入」です。例えば，授業の最初に次のような発問をします。

　「『かぼちゃ』って知っていますか？　どんなことを知ってる？」

- 食べたことあるよ。　● 給食にも出てるよ。
- 僕，好き！　● 私，苦手！

　「かぼちゃってどんなふうにできるのかな？」

- おじいちゃんのお家で育てていたのを見たことがある！
- つるがはえていくんだよ。

　これは教材文に出てくる「かぼちゃ」について話をしています。中には，かぼちゃ自体を見たことのない子どもがいます。また，かぼちゃがつるによってできる野菜であることを知らない子どももいます。かぼちゃについて子どもの経験を語りながら確認します。教材文を読む前に，かぼちゃについての共通認識があるので，話の内容がスムーズに理解できます。

一方で，授業のねらいを子どもは知らないので，授業の展開部の発問を通してねらいに迫ることになります。その代わり，ねらいを知らない分，多面的・多角的な意見が出やすいともいえます。どうやってねらいとなる価値にまとめていくかは先生の展開にかかってきます。

教材にはそれぞれ特性があります。どちらの導入が効果的なのか考えてみましょう。

⭐ 「手紙」「吹き出し」で振り返る

自分を客観的に視ることをメタ認知といいます。このメタ認知ですが，低学年はまだ自分を客観的に見つめることができません。授業の展開後段や終末に自分のことを振り返ることが難しいのはそのためです。

そこで，次のアイデアで授業のまとめとすることができます。

「かぼちゃさんに，お手紙を書きましょう」
「かぼちゃさんにどんな声をかけてあげますか？」

1年生は，読み物資料に出てくる登場人物に感情移入することができます。そのまま登場人物に話しかけるつもりで書かせましょう。

- かぼちゃさんへ。くるまにひかれていたかったよね。これからはわがままをいっちゃだめだよ。
- じぶんのことばかりをかんがえていたら，あとでたいへんなめにあうよ。せんせいのいうことをきこうね。

ワークシートは，手紙の形にしたり，吹き出しの形にしたりすると書きやすくなります。

手紙でも吹き出しでも，書く内容は道徳の学習を踏まえたものになります。

【執筆者紹介】　＊執筆順

多賀　一郎	教育アドバイザー
土居　正博	神奈川県川崎市立はるひ野小学校
安藤　浩太	東京都昭島市立光華小学校
川上　康則	東京都杉並区立済美養護学校
前田　健太	慶應義塾横浜初等部
大図　俊哉	新潟大学附属新潟小学校
土師　尚美	大阪府池田市立秦野小学校
渡邉　裕樹	東京都昭島市立光華小学校
眞砂野　裕	東京都昭島市立光華小学校
広山　隆行	島根県松江市立古志原小学校
曽根　朋之	東京学芸大学附属竹早小学校
親泊絵里子	東京都品川区立台場幼稚園
関根　愛弓	ソウル日本人学校（東京都豊島区立目白小学校）
佐藤　順子	フリーランス体験教育ファシリテーター・臨床発達心理士
新居　逸郎	東京都昭島市立つつじが丘小学校
若村　健一	埼玉県戸田市教育委員会
横田　典久	埼玉大学教育学部附属小学校
小原　広士	北海道教育大学附属旭川小学校
笠原　成晃	山梨県中央市立豊富小学校
青木　大和	千葉大学教育学部附属小学校
長田　柊香	成城学園初等学校
橋本　智美	広島県福山市立津之郷小学校
小澤　宏明	成蹊小学校

【編者紹介】
安藤　浩太（あんどう　こうた）

1989年8月，鹿児島県生まれ。東京学芸大学教育学部卒業後，東京都公立小学校に勤務。日本国語教育学会会員。全国大学国語教育学会会員。日本生活科・総合的学習教育学会会員。国語教育研究会「創造国語」所属。教育サークル「KYOSO's」所属。生活・総合学習教育サークル「ふりこの会」共同主宰。国語科教育と生活科教育を中心とした低学年教育を実践や研究の主なフィールドとしている。

土居　正博（どい　まさひろ）

1988年，東京都八王子市生まれ。創価大学教職大学院修了。川崎市公立小学校に勤務。国語教育探究の会会員（東京支部）。全国大学国語教育学会会員。国語科学習デザイン学会会員。全国国語授業研究会監事。教育サークル「深澤道場」所属。教育サークル「KYOSO's」代表。2018年，読売教育賞受賞。2023年，博報賞（奨励賞）受賞。

【著者紹介】
チーム・ロケットスタート

学級開き・授業開きや学級づくり・授業づくりに悩むすべての先生を救うため，その道のスペシャリストが集結し，それぞれの英知を伝承すべく組織されたプロジェクトチーム。

〔協力〕多賀一郎

ロケットスタートシリーズ
小学1年の学級づくり&授業づくり　12か月の仕事術

2025年3月初版第1刷刊　©編　者　安　藤　浩　太
　　　　　　　　　　　　　　　　土　居　正　博
　　　　　　　　　　　著　者　チーム・ロケットスタート
　　　　　　　　　　　発行者　藤　原　光　政
　　　　　　　　　　　発行所　明治図書出版株式会社
　　　　　　　　　　　　　　　http://www.meijitosho.co.jp
　　　　　　　　　　　（企画）林　知里　（校正）西浦実夏
　　　　　　　〒114-0023　東京都北区滝野川7-46-1
　　　　　　　振替00160-5-151318　電話03(5907)6703
　　　　　　　　　　　ご注文窓口　電話03(5907)6668
＊検印省略　　　　組版所　長野印刷商工株式会社
本書の無断コピーは，著作権・出版権にふれます。ご注意ください。

Printed in Japan　　　　ISBN978-4-18-500134-2
もれなくクーポンがもらえる！読者アンケートはこちらから→